SATT OHNE STRESS

Hölker Verlag

5 4 3 2 1 19 18 17 16 15
ISBN 978-3-88117-949-2

Fotos © StockFood GmbH
Layout und Satz: Tina Lechner Grafik & Buchdesign

im Coppenrath Verlag GmbH & Co. KG,
Hafenweg 30, 48155 Münster, Germany

www.hoelker-verlag.de

CLAUDIA BOSS-TEICHMANN

SATT OHNE STRESS

Hölker Verlag

SCHNELLE FRÜHSTÜCKSIDEEN /S. 9
GESUNDE SNACKS FÜR ZWISCHENDURCH /S. 35
SÄTTIGENDES ZUM MITTAG /S. 61
LECKERES AM ABEND /S. 105
GUTES FÜR GÄSTE /S. 139
ZUM NASCHEN UND KNABBERN /S. 165
REGISTER /S. 189

EINLEITUNG

GUTES ESSEN MACHT GLÜCKLICH

Unser Essen soll gesund sein, sättigen und vor allem gut schmecken. Gleichzeitig wünschen wir uns, dass die Vor- und Zubereitung keinen Stress verursacht. Convenience-Produkte und Fast Food sind zwar zeitsparend, enthalten jedoch oft zu wenig wertvolle Inhaltsstoffe, dafür viel Fett, Zucker und Salz. Viele Fertigprodukte sind außerdem vergleichsweise teuer. Selber kochen ist angesagt! Und zwar mit frischen Zutaten, die Lust auf Genuss machen. Wenig Zeit? Mit den folgenden Rezepten kein Problem! Vom Frühstück über Pausenbrote und Zwischenmahlzeiten, Mittag- und Abendessen bis zu Gerichten für mehrere Gäste finden Sie hier für jede Gelegenheit das passende Rezept. Auch Süßes und Pikantes zum Naschen ist dabei – mit Zutaten wie Nüssen, Obst und Milchprodukten sättigen unsere Snacks länger als ähnliche Fertigprodukte und kommen zudem mit weniger Zucker aus. Für gutes Essen, das glücklich macht.

ZEIT SPAREN – DAMIT MEHR ZEIT FÜRS WESENTLICHE BLEIBT

Schnell gemacht! Für die folgenden Rezepte benötigen Sie höchstens eine halbe Stunde Vorbereitungszeit, manchmal kommen noch Geh-, Back- oder Garzeiten hinzu, in denen man allerdings problemlos andere Dinge erledigen kann. Es werden nur wenige Zutaten verwendet, die gut erhältlich sind. Die Zubereitung ist unkompliziert und erfordert nur wenige Küchengeräte, sodass sich keine unliebsamen Spülberge bilden. Von alleine kochen sich die Gerichte allerdings nicht – für die Verarbeitung von frischen Produkten ist etwas Zeit nötig. Doch durch eine gute Planung können Sie diese Zeit im Vorfeld locker einsparen.

- Stellen Sie für die kommende Woche einen Essensplan auf. Prüfen Sie dazu zunächst Ihre Vorräte und planen Sie diese ein: So vermeiden Sie das Wegwerfen von verdorbenen Lebensmitteln und sparen Geld und Einkaufszeit.
- Schreiben Sie eine Einkaufsliste, evtl. sortiert nach Supermarkt, Wochenmarkt, Discounter, Bäcker, Metzger ...
- Kaufen Sie haltbare Lebensmittel wie Mehl, Nudeln, Reis, Gewürze und Tiefgekühltes einmal im Monat auf Vorrat. Frische Produkte wie Obst, Gemüse, Eier und Milchprodukte besorgen Sie am besten ein- bis zweimal wöchentlich nach Bedarf.
- Beim Gemüsehändler um die Ecke oder auf dem Wochenmarkt ist der Einkauf oft schneller erledigt als im großen Supermarkt. Außerdem können Sie hier die Menge der Lebensmittel besser selbst bestimmen.

- Planen Sie so, dass Sie Gekochtes für ein weiteres Gericht verarbeiten können: Kochen Sie für ein Pasta-Gericht beispielsweise die doppelte Menge Nudeln, die Sie am übernächsten Tag für einen Salat verwenden. Gemüse lässt sich am nächsten Tag in einer Cremesuppe oder Sauce verwerten, gebratenes Fleisch schmeckt klein geschnitten in einem Auflauf – seien Sie erfinderisch!
- Manche Gerichte bieten sich fürs Einfrieren an. Bereiten Sie von diesen gleich mehr für den Tiefkühl-Vorrat zu: Schmorgerichte wie Ragout, Gulasch und Rouladen, pürierte Gemüsesuppen, Gemüsesaucen, Hackfleischsaucen oder Buletten.
- Eine Vinaigrette für Salat lässt sich schnell in einem Glas mit Schraubverschluss „zusammenschütteln". Bereiten Sie gleich mehrere Portionen zu, das Dressing hält sich im Kühlschrank ca. 1 Woche.

HINWEISE ZU DEN REZEPTEN

Personenzahl: Die Rezepte sind für 4 Personen berechnet, fast alle lassen sich aber problemlos verdoppeln oder halbieren.
Vegetarier: Vegetarische Rezepte sind mit dem Symbol VEG gekennzeichnet.

SCHNELLE FRÜHSTÜCKSIDEEN

VEG

FRÜHSTÜCKSHÖRNCHEN

200 g Weizenmehl Type 1050 mit 125 g zarten Haferflocken, 1/2 TL Salz, 1 TL Zucker, 1/2 Pck. Trockenhefe, 100 ml lauwarmer Milch, 2 Eiern, 3 EL Butter oder Öl sowie 6 EL gemahlenen Mandeln in einer Schüssel zu einem glatten Teig kneten. Den Teig zugedeckt ca. 1 Std. gehen lassen. Dann auf einer bemehlten Arbeitsfläche zu einem Quadrat ausrollen und daraus 8 gleich große Dreiecke von ca. 15 cm Seitenlänge schneiden. Die Dreiecke zusammenrollen, zu Hörnchen formen und auf ein mit Backpapier ausgelegtes Backblech setzen. Mit etwas Wasser bepinseln und mit 2 EL Haferflocken und 2 EL gehobelten Mandeln bestreuen. Zugedeckt ca. 30 Min. gehen lassen, den Backofen auf 175 °C vorheizen. Die Hörnchen ca. 25 Min. backen. **Tipp:** Sie können den Teig am Vorabend zubereiten und über Nacht im Kühlschrank gehen lassen.

VEG

KALT GERÜHRTE BEERENKONFITÜRE

1 kg Beerenfrüchte (Himbeeren, Erdbeeren und Johannisbeeren) mit 1 kg Gelierzucker 1:1 und 2 EL Zitronensaft im Mixer oder mit einem Pürierstab fein pürieren. Der Zucker muss sich dabei vollständig auflösen und es sollte eine konsistente, gebundene Masse entstehen. Ca. 15 Min. ruhen lassen. 1 EL fein geschnittene Zitronenmelisseblättchen unterrühren. Die Konfitüre in mit heißem Wasser ausgespülte Twist-off-Gläser (4 Gläser à ca. 500 ml) füllen. Die Konfitüre ist im Kühlschrank ca. 1 Monat haltbar. **Tipp:** Die Beerenkonfitüre passt zu den Frühstückshörnchen (Seite 10).

VEG

BEEREN-PORRIDGE

200 g zarte Haferflocken mit 1 l Milch aufkochen, unter Rühren kurz köcheln lassen, von der Herdplatte ziehen und zugedeckt ein paar Min. quellen lassen. In der Zwischenzeit 500 g Beerenobst (je nach Saison frisch oder aufgetaute TK-Ware) falls nötig klein schneiden oder in einem Sieb gut abtropfen lassen. 2 EL Honig oder Birnendicksaft unter den Haferbrei ziehen und auf Müslischälchen verteilen. Die Beeren auf dem Porridge verteilen und mit 2 EL Sesam bestreuen.

VEG

EI-GEMÜSE-BROTE

4 Scheiben Mehrkornbrot mit 4 EL Hüttenkäse bestreichen. 4 hart gekochte Eier schälen und in Scheiben schneiden. 4 Radieschen und 1/4 Gurke in Scheiben schneiden. Die Brote abwechselnd mit Ei, Radieschen und Gurke belegen. Mit etwas Kräutersalz und Pfeffer bestreuen und mit 2 EL frischen Sprossen garniert servieren. **Tipp:** Diese Brote eignen sich auch gut zum Mitnehmen.

VEG

SELBST GEMACHTES KNUSPERMÜSLI

Den Backofen auf 140 °C vorheizen. 2 EL Rohrohrzucker, 4 EL neutrales Öl (z. B. Sonnenblumenöl), 5 EL Reissirup und 1 Prise Salz mit 100 ml Wasser in einem kleinen Topf aufkochen lassen, sodass sich der Zucker auflöst. Mit 400 g kernigen Haferflocken und 100 g Mandelblättchen in eine Schüssel geben und gut verrühren. Die Mischung auf ein mit Backpapier ausgelegtes Backblech verteilen. Im Backofen ca. 45 Min. trocknen lassen, dabei ab und zu umrühren. Abkühlen lassen und in einer luftdicht verschlossenen Dose aufbewahren. 200 g Knuspermüsli mit 400 g Früchten der Saison (z. B. Brombeeren und Nektarinen) auf vier Müslischälchen verteilen und mit 500 ml Milch, Sojamilch oder Milch nach Wahl servieren.

SELBST GEMACHTES
KNUSPERMÜSLI, S. 14

VEG

BANANENBRÖTCHEN

4 Vollkornbrötchen halbieren und die Hälften mit 4 EL Mandelmus und 4 EL Frischkäse bestreichen. 2 große Bananen in Scheiben schneiden und die Stücke dachziegelartig auf den Brötchenhälften verteilen. Mit 4 TL flüssigem Honig beträufeln und nach Wunsch mit 8 Minzblättchen garniert servieren. **Tipp:** Dazu schmeckt ein Glas frisch gepresster Orangensaft.

VEG

KLASSISCHES BIRCHERMÜSLI

200 g Haferflocken und 100 g ungeschwefelte Rosinen mit 500 ml Milch und 125 ml Sahne mischen und über Nacht abgedeckt im Kühlschrank quellen lassen. Am nächsten Morgen 2 kleine Äpfel entkernen und reiben und 1 Banane in Stücke schneiden, beides mit etwas Zitronensaft beträufeln und unter das Müsli ziehen. Dazu 100 g gehackte Nüsse und 4 TL flüssigen Honig reichen. **Tipp:** Das Birchermüsli können Sie immer wieder mit Früchten der Saison, unterschiedlichen Nüssen und Saaten oder Süßungsmitteln (z. B. Dicksäfte, Rohrohrzucker) variieren.

VEG

BLITZBRÖTCHEN OHNE HEFE

Den Backofen auf 220 °C vorheizen. 100 g sehr kalte Butter fein würfeln oder raspeln und mit 300 g Dinkelmehl, 2 TL Backpulver, 1 TL Salz, 1 Ei und ca. 100 ml Milch verkneten. Dabei die Milch portionsweise zugeben – es soll ein fester Teig entstehen, evtl. etwas mehr oder weniger zufügen. Aus dem Teig 12 Brötchen formen und auf ein mit Backpapier ausgelegtes Backblech setzen. Die Teiglinge mit etwas Wasser bepinseln und mit je 2 EL Mohn- und Sesamsamen bestreuen. Im Backofen 15–20 Min. backen. **Tipp:** Das Gebäck trocknet sehr schnell aus, daher am besten sofort und noch lauwarm essen.

VEG

SCHOKOINSEL-MÜSLI

250 g Magerquark mit 1 TL Kakaopulver und 1 TL Zucker verrühren und in 4 Häufchen in der Mitte von Müslischälchen anrichten. Mit 400 ml Milch umgießen. 50 g Zartbitterschokolade grob hacken, davon 40 g mit 80 g Haferflocken in der Milch verteilen. Den Quark mit der restlichen Schokolade bestreuen. 1 Handvoll Brombeeren (frisch oder aufgetaute TK-Ware) auf den Quarkinseln verteilen und servieren.

VEG

PORRIDGE MIT FEIGEN

200 g zarte Haferflocken mit 800 ml Milch und 1/2 TL Zimt aufkochen und einige Min. bei geringer Hitze unter Rühren weiterkochen, bis der Brei die gewünschte Konsistenz hat. Evtl. dabei noch etwas Wasser zufügen. Vom Herd ziehen und bei geschlossenem Deckel einige Min. auskühlen lassen. In der Zwischenzeit 2 Feigen vierteln. Das Porridge und die Feigen auf Müslischälchen verteilen, mit 2 EL flüssigem Honig beträufeln. 100 g Pecannüsse grob hacken und das Porridge damit bestreuen.

PORRIDGE MIT FEIGEN,
S. 20

VEG

HIRSEBREI

200 g Hirseflocken mit 700 ml Soja- oder Reismilch, 1 Prise Salz und 1 Msp. gemahlener Vanille aufkochen, unter Rühren kurz köcheln lassen, von der Herdplatte ziehen und zugedeckt ein paar Min. quellen lassen. Den Hirsebrei auf Müslischälchen verteilen, mit 2 EL Reissirup oder Apfeldicksaft beträufeln, mit 2 EL gehackten Haselnüssen bestreuen und mit Obst nach Wahl garnieren.

VEG

FRUCHTIGE QUARKBROTE

Von 2 kleinen Bananen 1 mit einer Gabel zerdrücken, mit 2 TL Zitronensaft und 250 g Quark (20 % F.i.Tr.) verrühren. 4 Scheiben Vollkornbrot mit dem Bananenquark bestreichen. Die übrige Banane und 4 Erdbeeren in Scheiben schneiden und auf den Broten verteilen. Mit 1 EL Birnendicksaft beträufeln und mit 2 EL gehackten Nüssen bestreuen. **Tipp:** Wenn Sie mal morgens mehr Zeit haben, können Sie die Nüsse in einer Pfanne leicht anrösten.

VEG

EXOTISCHES KNUSPERMÜSLI

250 g Quark (10 % F.i.Tr.) mit 400 ml Milch glatt rühren und auf Müslischälchen verteilen. 100 g getrocknete Mango- oder Ananasstücke und 150 g Knuspermüsli (S. 14) unterheben. 200 g frische Ananas, Kiwi oder Mango schälen, in Stücke schneiden und auf dem Müsli verteilen.

VEG

FRISCHKORNMÜSLI

150 g ganze Getreidekörner nach Wahl (z. B. Weizen, Dinkel) schroten, mit 150 ml Wasser verrühren und über Nacht zugedeckt quellen lassen. Am nächsten Morgen evtl. überschüssiges Wasser abgießen und mit 100 g gehackten Nüssen, 50 g Apfelchips und 500 g Joghurt verrühren. Auf vier Müslischälchen verteilen und nach Geschmack noch mit 4 TL flüssigem Honig oder Apfeldicksaft süßen. **Tipp:** Anstelle von getrocknetem Obst kann man das Müsli natürlich auch mit frischem Obst der Saison kombinieren.

SCHINKEN-RÜHREI

100 g Kochschinken in Streifen schneiden. 1 Zwiebel schälen und sehr fein würfeln. 8 Eier mit 2 EL Sahne, etwas Salz und frisch gemahlenem schwarzem Pfeffer verquirlen. Von 1/2 Bd. Petersilie die Blättchen abzupfen und hacken. 1 EL Öl in einer großen Pfanne auf mittlere Temperatur erhitzen. Die Zwiebel darin glasig dünsten, den Schinken zufügen und leicht anbraten. Dann die Ei-Sahne-Mischung zugeben und bei niedriger Temperatur ca. 3 Min. stocken lassen, dabei gelegentlich umrühren. Das Rührei auf vier Tellern anrichten, mit Petersilie bestreuen und dazu Roggenbrot reichen.

SCHINKEN-RÜHREI, S. 26

VEG

ENGLISCHES FRÜHSTÜCK MIT BRATKARTOFFELN

Den Backofengrill auf 200 °C vorheizen. **800 g gekochte Kartoffeln** vom Vortag schälen und würfeln. **1 Zwiebel** schälen und ebenfalls würfeln. **2 EL Öl** in einer großen ofenfesten Pfanne erhitzen. Die Kartoffeln hineingeben und bei mittlerer Temperatur ca. 5 Min. braten. Die Zwiebel zugeben, einige Min. weiterbraten, mit **Salz** und **Pfeffer** würzen. **200 g Kirschtomaten** halbieren und zugeben. **4 Eier** aufschlagen und auf die Kartoffeln geben, kurz stocken lassen. Ebenfalls mit Salz und Pfeffer würzen, **50 g Cheddar** reiben und darüberstreuen. Unter dem Backofengrill ca. 5 Min. überbacken, bis der Käse geschmolzen ist. Mit **2 EL gehacktem Schnittlauch** bestreut servieren.

VEG

KÄSE-SESAM-BRÖTCHEN

4 Vollkornbrötchen aufschneiden und dünn mit etwas Tomatenmark bestreichen. Darauf 50 g Tahin (Sesammus) streichen. 120 g Weichkäse (z. B. Brie) in dünne Scheiben schneiden, 1 Tomate ebenfalls in Scheiben schneiden. Käse- und Tomatenscheiben dachziegelartig auf die unteren Brötchenhälften legen. Mit etwas Pfeffer würzen und mit einigen Petersilienblättchen belegen. Die oberen Brötchenhälften daraufsetzen.

VEG

KERNIGER KRÄUTERSCHMAND

Die Blätter von 1 Bd. Petersilie abzupfen. Die Hälfte der Blätter zusammen mit 50 g Sonnenblumenkernen im Mixer pürieren und mit 200 g Doppelrahm-Frischkäse, 100 g Schmand und 1 Spritzer Zitronensaft verrühren. Mit Salz und Pfeffer würzen. Die übrigen Petersilienblättchen klein hacken und untermengen. **Tipp:** Gut verschlossen im Kühlschrank ist der Kräuterschmand ca. 5 Tage haltbar. Passt zusammen mit in Scheiben geschnittenen Radieschen zu Vollkornbrötchen oder Bauernbrot.

VEG

HERBSTMÜSLI

100 g kernige Haferflocken mit 40 g Cornflakes und 1 EL Vollrohrzucker oder Kokosblütenzucker mischen und auf vier Müslischälchen verteilen. 2 Mandarinen schälen und in Stücke schneiden. 8 Walnusskerne hacken. 100 g kernlose Weintrauben von den Stielen zupfen. 500 g Dickmilch oder Joghurt auf die Müslischälchen verteilen. Mit dem Obst und den gehackten Walnüssen garniert servieren.

VEG

BUTTERMILCH-PANCAKES

Den Backofen auf 100 °C vorheizen. 3 Eier trennen und das Eiweiß mit 1 Prise Salz steif schlagen. Das Eigelb mit 2 EL Zucker schaumig rühren. Nach und nach 200 ml Buttermilch, 100 ml Milch und 180 g Mehl mit 1/2 Pck. Backpulver unterrühren. Den Eischnee vorsichtig unterheben. Wenig Butter (insgesamt werden ca. 2 EL benötigt) in einer beschichteten Pfanne auf mittlere Temperatur erhitzen und aus der Masse nacheinander insgesamt 8 Pfannkuchen von ca. 10 cm Ø backen, im Backofen warm halten. Zum Servieren 4 EL Nüsse nach Wahl mit 2 EL Cranberrys mischen. Mit Ahornsirup servieren.

BUTTERMILCH-PANCAKES,
S. 32

VEG

SOJA-VANILLE-JOGHURT MIT FRÜCHTEN

500 g Sojajoghurt mit 300 g Vanille-Sojajoghurt und 1 EL Agavendicksaft verrühren. 1 Cantaloupe-Melone entkernen und das Fruchtfleisch mit einem Kugelausstecher herauslösen. 1 Mango in Spalten schneiden. Den Joghurt auf vier tiefe Teller verteilen, die Melonenkugeln und die Mangospalten darauflegen. Mit 8 Minzblättchen garniert servieren.

GESUNDE SNACKS FÜR ZWISCHENDURCH

VEG

KRESSE-KÄSE-SANDWICH MIT MÖHRE

Insgesamt 8 dünne Scheiben Vollkornbrot schneiden und Blättchen von 1/2 Kästchen Kresse abschneiden. 4 Scheiben Brot mit 100 g Doppelrahm-Frischkäse bestreichen und mit Kresse bestreuen. Die übrigen 4 Vollkornbrotscheiben mit insgesamt 4 TL Butter oder Margarine bestreichen und mit 100 g Käse nach Wahl (z. B. Gouda, Butterkäse) belegen. 1 kleine Möhre schälen, in dünne Scheiben hobeln und auf dem Käse verteilen. Mit den 4 Frischkäse-Kresse-Broten zusammenklappen und halbieren, sodass 8 kleine Sandwiches entstehen.

VEG

ROTER FRÜCHTETRAUM

Aus ca. 8 Blutorangen 400 ml Orangensaft pressen. 2 Bananen in Stücke schneiden. Zusammen mit 500 g Himbeeren (frisch oder aufgetaute TK-Ware) und 2 EL zarten Haferflocken im Mixer oder mit einem Pürierstab pürieren und auf vier Gläser verteilen.

VEG

GEMÜSE-SANDWICH

1 rote Zwiebel schälen, in Ringe schneiden und in etwas Öl andünsten. 1 Avocado schälen, entkernen und in Spalten schneiden und mit 1/2 TL Zitronensaft beträufeln. 250 g Mozzarella in Scheiben schneiden, 1 Möhre schälen und raspeln, 1/2 Paprikaschote vom Kerngehäuse befreien und in dünne Streifen schneiden. 1 Fladenbrot aufschneiden, einen Teil der weichen Krume herausnehmen und das Brot mit den vorbereiteten Zutaten, mit 1 Handvoll entsteinten schwarzen Oliven und einigen Salatblättern belegen und servieren.

GEMÜSE-SANDWICH, S. 38

VEG

FRÜHLINGSQUARK-BROTECKEN

4 Frühlingszwiebeln in sehr feine Ringe schneiden. 1 Knoblauchzehe schälen und sehr fein hacken. 100 g Quark (20 % F.i.Tr.) mit etwas Salz und Pfeffer verrühren, 2 EL gemischte TK-Kräuter, die Frühlingszwiebeln und die Knoblauchzehe unterheben. 8 eckige Brotscheiben (z.B. Kosakenbrot) mit der Quarkmasse bestreichen, 1 Handvoll Kirschtomaten in Scheiben schneiden und auf 4 der Brote verteilen. Mit den übrigen 4 Scheiben zusammenklappen und quer halbieren.

VEG

ORANGEN-AVOCADO-SHAKE

8 Saftorangen und 1 Limette auspressen. 1 Avocado halbieren, den Kern entfernen und das Fruchtfleisch aus der Schale lösen. Fruchtsaft, Avocado, 1 EL flüssigen Honig oder Birnendicksaft und 250 ml kalte Buttermilch im Mixer oder mit einem Pürierstab auf höchster Stufe pürieren. Den Shake auf vier Gläser verteilen.

FORELLEN-BAGUETTEBRÖTCHEN

4 EL Mayonnaise mit **4 EL Magerquark** verrühren. Von **1 Handvoll Rucola** die Stiele abschneiden, den Rucola fein hacken und unter die Creme heben. Mit **Salz, Pfeffer** und **etwas Zitronensaft** abschmecken. **4 Baguettebrötchen** aufschneiden und mit der Creme bestreichen. **250 g Forellenfilet** mit einer Gabel zerpflücken. Auf die unteren Brötchenhälften verteilen. **1/4 Gurke** in dünne Scheiben schneiden und auf die Forellenfilets legen. Die oberen Brötchenhälften daraufsetzen.

VEG

GEMÜSESHAKE

400 g vollreife Tomaten am Stielansatz kreuzweise einritzen, überbrühen, abschrecken, enthäuten und entkernen. 1/2 Gurke schälen, längs halbieren und entkernen. 1 rote Paprikaschote vom Kerngehäuse befreien, in grobe Stücke schneiden und in einem Mixer oder mit einem Pürierstab auf höchster Stufe pürieren. Das Püree durch ein Sieb streichen und mit 1 EL Zitronensaft, Salz, Pfeffer und Chilipulver abschmecken. 1–2 Eiswürfel auf vier Gläser verteilen und den Gemüseshake darübergießen.

VEG

SALAT-SANDWICH MIT ROHKOST

500 g Gemüse (z. B. Möhren, Lauch, Weißkohl) in sehr dünne Streifen schneiden. 2 rote Zwiebeln schälen und in möglichst dünne Ringe schneiden. 2 EL Weißweinessig mit 2 EL Olivenöl, Salz und Pfeffer verrühren und unter das Gemüse heben. 8 kleine oder 4 große Scheiben Roggenbrot dünn mit Frischkäse oder Hummus (siehe S. 162) bestreichen, große Scheiben halbieren. 4 Scheiben mit der Rohkost belegen. 100 g Kichererbsen (Dose) oder Sprossen nach Wahl und abgezupfte Blättchen von 1/2 Bd. Petersilie darauflegen. Mit den 4 übrigen Scheiben belegt servieren.

SALAT-SANDWICH
MIT ROHKOST, S. 44

VEG

KIRSCH-SCHOKO-QUARKSPEISE

250 g Magerquark und 500 g Vanillejoghurt glatt rühren. 180 g Sauerkirschen (Glas) abtropfen lassen, dabei den Saft auffangen. 2 große Schokomuffins quer in je 4 Scheiben schneiden. Alle Zutaten in vier große Gläser schichten: Zunächst ein paar Kirschen einfüllen, mit 1 Muffinscheibe belegen, darauf Kirschen mit etwas Saft und eine Schicht Vanillecreme verteilen. Das Ganze noch einmal wiederholen und letztlich mit einigen EL Schokoraspeln bestreut servieren.

VEG

ZUCCHINIMUFFINS

Den Backofen auf 200 °C vorheizen. Eine Muffinform mit 12 Papierförmchen auslegen. 1 kleine Zucchini (ca. 200 g) grob raspeln, in einem Sieb ca. 10 Min. Wasser ziehen lassen und ausdrücken. 300 g Mehl mit 1 Prise Salz, Pfeffer, 1 TL Curry und 2 TL Backpulver mischen. 3 Eier, 2 TL getr. Thymian, 50 g geriebenen Käse (z. B. Bergkäse), die Zucchiniraspeln und ca. 200 ml Milch unterrühren. Den Teig in die Förmchen füllen und im Backofen ca. 30 Min. backen. Die Muffins warm oder kalt essen.

GARNELENSALAT IM PITABROT

75 g Mayonnaise mit **150 g Joghurt, 1 EL Zitronensaft, Salz** und **Pfeffer** verrühren. **2 Stangen Staudensellerie** in Ringe schneiden, **1/2 rote Paprikaschote** vom Kerngehäuse befreien und fein würfeln. Das Gemüse unter die Mayonnaise heben. **200 g gegarte Garnelen** gut abtropfen lassen und ebenfalls unterheben. **Einige Blätter Romanasalat oder Chicorée** in Stücke zupfen. **4 Pitabrote** nach Packungsanleitung erwärmen. Die Brote aufschneiden. Zunächst die Salatblätter, dann den Garnelen-Salat hineingeben.

VEG

SCHICHTSPEISE MIT HÜTTENKÄSE

400 g körnigen Hüttenkäse mit 250 g Quark (20 % F.i.Tr.) verrühren. Von 5 Mandarinen 1 auspressen und den Saft zusammen mit 1 Pck. Vanillezucker unter die Hüttenkäse-Mischung rühren. Die übrigen 4 Mandarinen in Spalten teilen. 200 g Pumpernickel fein zerbröseln und in einer Pfanne ohne Fett rösten. Abkühlen lassen und mit 2 TL Rohrohrzucker mischen. Abwechselnd Hüttenkäse-Mischung, Mandarinen und Pumpernickelbrösel in Gläser schichten. Mit einer Schicht Brösel abschließen. **Tipp:** Je nach Saison die Mandarinen durch Erdbeeren oder Zwetschgen ersetzen.

VEG

MELONEN-INGWER-SMOOTHIE

1 reife Cantaloupe-Melone entkernen, das Fruchtfleisch aus der Schale lösen und würfeln. Mit 1 Prise gemahlenem Ingwer und 400 ml Ananassaft im Mixer pürieren. Einige Eiswürfel auf vier Longdrink-Gläser verteilen und mit dem Smoothie aufgießen. **Tipps:** Anstelle von Ananassaft passt auch Pfirsichsaft sehr gut. Den Drink noch mit Melonenstücken auf Longdrinkspießen oder mit schmalen Melonenspalten garnieren.

MELONEN-INGWER-SMOOTHIE, S. 50

VEG

SCHNELLER FRÜCHTEQUARK

250 g Magerquark mit **250 g Fruchtjoghurt** verrühren. **200 g Obst nach Wahl** fein würfeln und unter die Quarkmischung rühren. Den Früchtequark in Dessertschälchen anrichten und dazu **8 Vollkornkekse** reichen. Alternativ die Kekse zerbröseln und über den Quark streuen.

LACHS-FRISCHKÄSE-BAGELS

4 Bagels aufschneiden und die Hälften mit 100 g Doppelrahm-Frischkäse bestreichen. Mit etwas frisch gemahlenem schwarzem Pfeffer würzen. 100 g Räucherlachs in Stücke zupfen und locker auf den unteren Bagelhälften verteilen. Die Blättchen von 1 Kressekästchen abschneiden und die Bagelhälften damit bestreuen. Zusätzlich 1/4 Gurke oder 2 Stangen Staudensellerie in Scheiben schneiden und die Bagels damit belegen. Zum Mitnehmen in Brotboxen verpacken.

SCHINKENBRÖTCHEN MIT PAPRIKA

200 g geröstete Paprikaschoten (Glas) gut abtropfen lassen und in Streifen schneiden. **1 Frühlingszwiebel** in feine Ringe schneiden. **4 Vollkornbrötchen** aufschneiden und mit **2 EL Doppelrahm-Frischkäse** bestreichen. **150 g gekochten Schinken in Scheiben** auf den unteren Hälften verteilen. Die Paprikastreifen und die Frühlingszwiebelringe darauflegen. Mit **2 EL gehackten Petersilienblättchen** bestreuen. Die oberen Brötchenhälften daraufsetzen.

VEG

BANANEN-ENERGY-DRINK

4 Bananen in Stücke schneiden und zusammen mit 500 ml Hafer-Reis-Drink, 4 EL zarten Haferflocken und 2 EL gemahlenen Mandeln im Mixer oder mit einem Pürierstab pürieren. Auf vier Gläser verteilen und servieren.

VEG

ERDBEER-MANDEL-QUARK

250 g Magerquark mit 250 g Joghurt und 1 EL Ahornsirup verrühren. 400 g Erdbeeren in Scheiben schneiden und auf vier tiefe Teller oder Müslischälchen verteilen. Den Quark darauf verteilen. 50 g gehackte Mandeln und 50 g Früchtemüsli darüberstreuen.

HÄHNCHEN-SANDWICH

4 Baguettebrötchen aufschneiden und mit insgesamt 40 g Kräuterbutter bestreichen. 4 Blätter Friséesalat in Stücke zupfen und auf die unteren Brötchenhälften legen. 200 g Hähnchenfilet in etwas Butter oder Öl braten, schräg in dünne Scheiben schneiden und auf die unteren Brötchenhälften verteilen. 1 Pfirsich in Spalten schneiden und ebenfalls auf die unteren Hälften legen. Mit den oberen Hälften bedecken und auf Tellern anrichten oder zum Mitnehmen in Brotboxen verpacken. **Tipp:** Anstelle des Pfirsichs passen auch Erdbeeren- oder Mandarinenspalten.

SCHINKEN-MÖHREN-WRAPS

175 g Mehl, 120 ml Milch, 150 ml Mineralwasser, 2 Eier und 1/2 TL Salz zu einem glatten Teig verrühren und ca. 10 Min. ruhen lassen. Etwas Öl in einer großen Pfanne erhitzen und aus dem Teig nacheinander 4–6 dünne Pfannkuchen backen. 1/2 Bd. Schnittlauch in Röllchen schneiden. Die Blätter von 2 Mini-Römersalaten ablösen. 2 EL Mayonnaise mit 2 EL griechischem Joghurt verrühren und die Pfannkuchen damit bestreichen. Mit Salatblättern, Schnittlauch und 150 g sehr dünn geschnittenem Kochschinken belegen. Die Seiten nach innen klappen, die Wraps zusammenrollen und jeweils schräg halbieren.

SCHINKEN-MÖHREN-WRAPS, S. 58

SANDWICHES MIT SARDELLENPASTE

10 Sardellenfilets abspülen und trocken tupfen. 2 Schalotten schälen und fein hacken. Zusammen mit 150 g Doppelrahm-Frischkäse, 2 EL geriebenem Parmesan, 2 EL gehackter Petersilie (TK) und etwas Zitronensaft glatt rühren. Mit Salz, Pfeffer und Chilipulver abschmecken. 8 Scheiben Vollkorntoast toasten und mit der Sardellenpaste bestreichen. Die Toasts schräg halbieren und zusammenklappen. **Tipp:** Dazu passt ein Tomaten-Frühlingszwiebel-Salat.

SÄTTIGENDES ZUM MITTAG

TORTELLINIGRATIN

Den Backofen auf 200 °C vorheizen. 2 Knoblauchzehen schälen und fein hacken, mit 2 Dosen stückigen Tomaten (à 400 g), Salz, Pfeffer und 1 EL getr. italienischen Kräutern verrühren. 750 g frische Tortellini (Kühlregal) zusammen mit der Tomatensauce in eine gefettete Auflaufform geben. Das Gratin im Backofen ca. 20 Min. garen. 200 g Mozzarella in Scheiben schneiden und die Tortellini 5 Min. vor Ende der Garzeit damit belegen. Das Gratin in der Form servieren und mit einigen Basilikumblättchen bestreuen. Dazu passt ein frischer Blattsalat.

PUTEN-GEMÜSE-WOK MIT GEBRATENEN NUDELN

500 g Putenbrust in Streifen schneiden. 1 Knoblauchzehe schälen und fein hacken, 1 Stück Ingwer (2 cm) schälen und reiben. 1 rote Chilischote in dünne Ringe schneiden. 1/2 kleinen Chinakohl in Streifen schneiden, 3 Möhren schälen und in Scheiben und 1 Stange Lauch in Ringe schneiden. 1 EL Speisestärke mit 125 ml Hühnerbrühe anrühren. 250 g chinesische Eiernudeln nach Packungsanleitung garen. 2 EL Öl in einem Wok erhitzen und das Fleisch darin rundherum hellbraun braten. Herausnehmen, mit Salz und Pfeffer würzen. 1 EL Öl im Wok erhitzen, Gemüse, Knoblauch, Ingwer und Chili zugeben und einige Min. andünsten. Die Brühe und 4 EL Sojasauce zugeben, aufkochen und das Fleisch sowie 125 g Sojasprossen darin kurz erhitzen. Nudeln gut abtropfen lassen und in 1 EL Öl braten. Zusammen mit dem Wokgericht servieren.

FILETPFANNE MIT MANGOLD UND ERDNÜSSEN

300 g Rinderfilet in feine Streifen schneiden, 1 EL Öl und 3 EL Sojasauce verrühren und das Fleisch damit einreiben. In der Zwischenzeit 400 g Penne knapp bissfest kochen. Von 400 g Mangold die Blättchen in breite Streifen und die Stiele in Stifte schneiden. Je 1 rote und 1 gelbe Paprikaschote vom Kerngehäuse befreien und würfeln. 1 Stück Ingwer (2 cm) und 1 Knoblauchzehe schälen und sehr fein hacken. Das Filet in einem Wok oder großen Topf in 2 EL heißem Öl ca. 1 Min. braten. Paprikawürfel zugeben und 3 Min. braten. Ingwer, Knoblauch, Mangold und Nudeln zugeben und mit 2 EL Limettensaft ablöschen. 200 ml Rinderbrühe angießen, 3 EL Erdnussmus zugeben und aufkochen. Mit Salz und Pfeffer abschmecken und mit 2 EL ungesalzenen Erdnüssen bestreut servieren.

SOMMERLICHER BOHNENSALAT

600 g grüne Bohnen in Salzwasser bissfest kochen, in ein Sieb abgießen und kalt abschrecken. 250 g Kirschtomaten halbieren, 250 g weiße Bohnen (Dose) gut abtropfen lassen. 2 Schalotten schälen und in dünne Ringe schneiden. Die Blättchen von 1 Bd. Petersilie grob hacken. 100 g Chorizo (oder eine andere mit Paprika gewürzte Dauerwurst) in dünne Scheiben schneiden und in 1 EL Olivenöl ca. 4 Min. knusprig braten. Für das Dressing den Saft von 1 Zitrone mit Salz, Pfeffer und etwas Zucker verrühren. 6 EL Olivenöl untermengen. Grüne und weiße Bohnen, Kirschtomaten, Schalotten und Petersilie in einer Salatschüssel mischen und das Dressing unterheben. Die gebratene Wurst darüberstreuen. Dazu schmeckt Fladenbrot oder Baguette.

VEG

GEMÜSE-CURRY-EINTOPF

1 Zwiebel schälen und fein würfeln. 1 EL Öl in einem großen Topf erhitzen, die Zwiebeln darin glasig dünsten. 2 EL rote Thai-Currypaste zugeben, 100 ml Wasser angießen und ein paar Min. köcheln lassen. 1 Bio-Zitrone vierteln und zusammen mit 800 ml Kokosmilch zugeben. Mit 3 EL heller Sojasauce, etwas Salz und Pfeffer abschmecken. In der Zwischenzeit 2 große Möhren schälen und klein schneiden. 4 Stangen Staudensellerie und 1 kleinen Blumenkohl ebenfalls klein schneiden. 1 EL Öl in einer großen Pfanne erhitzen und das Gemüse darin unter ständigem Rühren bei hoher Temperatur ca. 8 Min. braten. Das Gemüse zur Currysauce geben, alles kurz erhitzen und die Zitronenviertel herausnehmen. Mit Sojasauce, Salz und Pfeffer abschmecken. **Tipp:** Für sehr Hungrige noch 250 g gekochten Reis dazu reichen.

GEMÜSE-CURRY-EINTOPF,
S. 66

BRATHÄHNCHEN MIT SOMMERGEMÜSE

Den Backofen auf 200 °C vorheizen. **1 Brathähnchen** in 8 Teile zerlegen und mit der Haut nach unten in einen großen Bräter legen, mit **Salz** und **Pfeffer** würzen und mit **1 EL Olivenöl** beträufeln. Im Backofen 15 Min. braten, aus dem Bräter nehmen. **3 Paprikaschoten** vom Kerngehäuse befreien und in Streifen schneiden. **1 Fenchelknolle, 1 Zucchini** und **1 Aubergine** in Scheiben schneiden. **1 rote Zwiebel** schälen und in breite Spalten schneiden, **4 Knoblauchzehen** schälen (nicht klein schneiden). Das Gemüse zusammen mit einigen **Rosmarin- und Thymianstängeln** in den Bräter geben und mit Salz und Pfeffer würzen. Die Hähnchenteile mit der Haut nach oben darauflegen und alles 30 Min. braten. 10 Min. vor Ende der Garzeit noch **10 Kirschtomaten** halbieren und zufügen. Dazu schmecken Kartoffeln oder Brot.

GURKEN-FISCH-RAGOUT

2 Gurken schälen, längs halbieren und die Kerne mit einem Löffel entfernen. Die Gurkenhälften in Scheiben schneiden. 2 Zwiebeln schälen, in Ringe schneiden und 600 g Seelachsfilet in Streifen schneiden. 2 EL Öl in einem Topf erhitzen und die Zwiebeln darin andünsten. Die Gurken zufügen und ebenfalls andünsten. 250 ml Gemüsebrühe, 125 g Crème fraîche und 1 EL mittelscharfen Senf zufügen und unterrühren. 2 TL Speisestärke mit etwas kaltem Wasser anrühren, zufügen und aufkochen lassen. Das Fischfilet zugeben und alles bei geringer Hitze ca. 5 Min. gar ziehen lassen. Zum Schluss 2 EL gehackten Dill unterrühren und mit Salz und Pfeffer abschmecken. **Tipp:** Dazu passen Salzkartoffeln oder Kartoffelbrei.

VEG

GRIESS-BIRNEN-AUFLAUF

Den Backofen auf 200 °C vorheizen. **500 ml Milch** aufkochen, **150 g Weichweizengrieß** einrieseln lassen und ca. 1 Min. unter ständigem Rühren quellen lassen. **4 Eier** trennen, die Eiweiße mit **1 Prise Salz** steif schlagen. Die Eigelbe mit **1 Pck. Vanillezucker** und **1 EL Kokosblütenzucker** schaumig rühren. **250 g Magerquark** und den Grießbrei unterrühren, anschließend den Eischnee behutsam unterheben. **3 Birnen** in Spalten schneiden und mit **1 EL Zitronensaft** beträufeln. Die Hälfte der Grießmasse in eine gut gefettete Auflaufform füllen, die Birnenspalten darauf verteilen und anschließend die restliche Grießmasse daraufgeben und glatt streichen. Den Auflauf im Backofen ca. 30 Min. backen.

WEISSKOHL-CABANOSSI-EINTOPF

600 g Weißkohl vom Strunk und **2 rote Paprikaschoten** vom Kerngehäuse befreien und in feine Streifen schneiden. **400 g Kartoffeln** schälen und würfeln. **200 g Cabanossi** in Scheiben schneiden. Cabanossi, Weißkohl und Kartoffeln in einem Topf in **1/2 EL Öl** kurz andünsten. **1 l heiße Rinderbrühe** angießen und zusammen mit **2 Lorbeerblättern** und **4 Wacholderbeeren** ca. 20 Min. köcheln lassen. 5 Min. vor Ende der Garzeit die Paprikastreifen zufügen. Mit **Salz, Pfeffer** und **1 EL Weißweinessig** abschmecken und mit **2 EL gehackter Petersilie** bestreut servieren.

VEG

BRATKARTOFFEL-GEMÜSE-PFANNE

800 g Kartoffeln schälen und der Länge nach in schmale Spalten schneiden. **300 g Möhren** schälen und schräg in schmale Scheiben schneiden. **2 EL Öl** in einer großen beschichteten Pfanne erhitzen, Kartoffeln und Möhren darin bei mittlerer Hitze ca. 10 Min. braten. In der Zwischenzeit **1 Bd. Frühlingszwiebeln** schräg in dünne Ringe schneiden. **250 g Austernpilze** in mundgerechte Stücke schneiden. Kartoffeln und Möhren aus der Pfanne nehmen. Frühlingszwiebeln und Pilze hineingeben und bei mittlerer Hitze andünsten. Kartoffeln und Möhren wieder zugeben, **125 g Sahne** angießen, mit **Salz** und **Pfeffer** würzen und mit **2 EL geriebenem Käse** bestreuen. Mit **1 EL gehackten Basilikumblättern** bestreut servieren.

HAMBURGER HOMEMADE

2 Tomaten in dünne Scheiben schneiden. 2 Gewürzgurken abtropfen lassen und ebenfalls in Scheiben schneiden. 4–6 Blätter Eisbergsalat in Stücke zupfen. Die vorbereiteten Zutaten zusammen mit 4 Hamburgerbrötchen, 1 Flasche Ketchup und 1 Glas Mayonnaise auf den Esstisch stellen. 400 g Rinderhack, Salz, Pfeffer und 1 EL Tomatenmark miteinander verkneten, 4 flache Bratlinge daraus formen. In ca. 4 EL Öl bei großer Hitze in wenigen Min. von beiden Seiten braun braten. Herausnehmen, auf einen Teller legen und ebenfalls auf den Esstisch stellen. So kann sich jeder seinen Hamburger selbst zusammenbauen. **Tipp:** Für den großen Hunger im Ofen gegarte Kartoffelspalten dazu reichen.

VEG

SCHARFER LINSENEINTOPF

1 rote Chilischote entkernen und fein hacken. **200 g Möhren** schälen und in Scheiben schneiden. **1 EL Öl** in einem Topf erhitzen und Chili und Möhren darin ca. 3 Min. dünsten. **500 g Lauch** in Ringe schneiden und die weißen und hellgrünen Teile zugeben. **300 g rote Linsen** ebenfalls zufügen. Mit **1 TL Rohrohrzucker** und **1 TL Currypulver** würzen und weitere 2 Min. dünsten. **250 ml Gemüsebrühe** angießen und das Ganze ca. 10 Min. köcheln lassen, bis die Linsen weich sind. **1/2 Bd. Petersilie** fein hacken. **150 g Joghurt** mit **etwas Chilipulver** glatt rühren. Den Linseneintopf auf vier Teller verteilen und mit je einem Klecks Joghurt und Petersilienblättchen garniert servieren.

VEG

KÜRBIS-ZUCCHINI-GRATIN

Den Backofen auf 220 °C vorheizen. 1 kg Muskatkürbis schälen und entkernen. Das Fruchtfleisch in ca. 5 cm breite Spalten schneiden, dann quer halbieren. Eine große, flache Gratinform mit 1 EL Olivenöl ausstreichen und die Kürbisstücke hineinlegen. 2 Zucchini in 5 mm dicke Scheiben schneiden und dazwischenlegen. 1 Stück Ingwer (2 cm) und 2 Knoblauchzehen schälen, fein hacken und in 1 TL Olivenöl andünsten. 250 ml Apfelsaft angießen, 2 Nelken und 1 Lorbeerblatt zufügen und aufkochen. 150 g Crème fraîche einrühren und ca. 5 Min. kräftig einkochen lassen. Nelken und Lorbeer entfernen und das Ganze über das Gemüse gießen. 150 g Schafskäse darüberbröseln und 50 g Sonnenblumenkerne darauf verteilen. Das Gratin im Backofen ca. 25 Min. backen. Mit 1 EL gehackter Petersilie bestreut servieren.

RINDERCURRY MIT APRIKOSEN

400 g Rinderfilet in Würfel schneiden. **6–7 rote Zwiebeln** schälen und in Streifen schneiden. **2 EL Öl** in einer großen Pfanne erhitzen, Fleisch darin anbraten, herausnehmen und beiseitestellen. Zwiebeln und **250 g Langkornreis** in einem Topf in **etwas Öl** glasig dünsten. **400 ml Rinderbrühe** angießen und mit **2 TL Currypulver** würzen. Ca. 15 Min. bei niedriger Hitze garen. In der Zwischenzeit **200 g Möhren** schälen und schräg in dünne Scheiben schneiden. 5 Min. vor Ende der Garzeit zusammen mit **100 g getrockneten Aprikosen** zum Curry geben. Blättchen von **1/2 Bd. Koriander** (ersatzweise Petersilie) abzupfen und das Curry damit bestreuen.

VEG

WIRSINGTOPF

1 kleinen Wirsing (ca. 700 g) in Streifen schneiden. 1 Gemüsezwiebel schälen und ebenfalls in Streifen schneiden. 300 g Kartoffeln schälen und würfeln. 2 Stangen Staudensellerie und 2 große Möhren schälen und schräg in Scheiben schneiden. 1 EL Öl in einem großen Topf erhitzen und das vorbereitete Gemüse darin rundherum andünsten. 1/2 l Gemüsebrühe zugießen. Blättchen von 1 Bd. Thymian abzupfen und die Hälfte zugeben. Ca. 15 Min. bei geringer Hitze garen. In der Zwischenzeit 4 Scheiben Vollkorntoast toasten, in kleine Würfel schneiden und zusammen mit dem übrigen Thymian in 1 EL Butter bei geringer Hitze knusprig braten. Die Suppe mit Salz und Pfeffer abschmecken und auf vier Teller verteilen. 4 EL kräftigen Käse (z. B. Greyerzer oder Bergkäse) reiben und zusammen mit den Kräutercroûtons über die Suppe streuen.

ERBSEN-ZITRONEN-RISOTTO MIT PROSCIUTTO

1,5 l Gemüsebrühe aufkochen und heiß stellen. **1 Zwiebel** und **1 Knoblauchzehe** schälen und fein würfeln, **1 Stange Staudensellerie** würfeln. **2 EL Olivenöl** in einem Topf erhitzen, das Gemüse ca. 10 Min. andünsten. **400 g Risottoreis** untermengen, die Temperatur erhöhen. Nach 1 Min. mit 200 ml Gemüsebrühe ablöschen, einkochen lassen. **Etwas Bio-Zitronenabrieb** zufügen. Das Risotto noch ca. 15 Min. sanft köcheln lassen, dabei nach und nach die übrige Brühe zugießen und häufig umrühren. 10 Min. vor Ende der Garzeit **300 g Erbsen (TK)** untermengen. Kurz vor dem Servieren **50 g dünn geschnittenen italienischen Schinken** in Stücke schneiden und in einer Pfanne ohne Fett kross braten. **25 g Parmesan** reiben und mit **1 EL Butter** unter das Risotto ziehen, mit **Salz** und **Pfeffer** abschmecken. Mit Schinken bestreut servieren.

ERBSEN-ZITRONEN-RISOTTO MIT PROSCIUTTO, S. 78

GARNELEN-NUDEL-PFANNE

250 g Penne in Salzwasser knapp bissfest garen, abschrecken und abtropfen lassen. **2 Schalotten** und **2 Knoblauchzehen** schälen und fein hacken. **1 rote Paprikaschote** vom Kerngehäuse befreien und in Streifen schneiden. Schalotten und Knoblauch in einer Pfanne in **2 EL Öl** glasig dünsten. Paprika und **200 g Zuckerschoten** zugeben. Alles mit **Salz, Pfeffer, 1/2 TL Currypulver** und **1 Prise Chilipulver** würzen und weitere 10 Min. dünsten. 2 Min. vor Ende der Garzeit **250 g gegarte, geschälte Garnelen** und die Nudeln untermischen und in 2 Min. fertig garen. Blättchen von **1/2 Bd. Koriander** (ersatzweise Petersilie) abzupfen und untermischen.

KARTOFFEL-HACK-AUFLAUF MIT APFELHAUBE

Den Backofen auf 200 °C vorheizen. 1 Brötchen in Wasser einweichen, ausdrücken und in Stücke zupfen. 1 Zwiebel schälen und würfeln. Beides mit 500 g gemischtem Hackfleisch, 1 Ei, 1 EL frisch gehacktem Majoran, 50 g Semmelbröseln, Salz und Pfeffer zu einem geschmeidigen Teig verkneten. 250 g säuerliche Äpfel schälen, entkernen, in Würfel schneiden und in 1 EL Zitronensaft wenden. 500 g gekochte Kartoffeln in Scheiben schneiden. Eine Auflaufform fetten, die Kartoffeln dachziegelartig einschichten und die Hackfleischmasse einfüllen. Die Äpfel mit 200 g Schmand und 100 g geriebenem Emmentaler mischen und auf dem Hackfleisch verteilen. Im Backofen ca. 30 Min. backen. Dazu passt ein Blattsalat.

CEVAPCICI MIT SCHARFEN SPÄTZLE

2 Schalotten schälen und fein hacken. Blättchen von **1 Stängel Minze** fein hacken. Schalotten mit **500 g gemischtem Hackfleisch** und der Minze mischen. Mit **Salz, Pfeffer** und **Kreuzkümmel** würzen. Die Hackfleischmischung zu ca. 4 cm langen, fingerdicken Röllchen formen und in einer beschichteten Pfanne in **2 EL Öl** von allen Seiten braun braten. In der Zwischenzeit **400 g Spätzle** nach Packungsanleitung garen. **2 Knoblauchzehen** schälen und fein hacken, mit **400 g gehackten Tomaten (Dose), 3 EL Ajvar** und **2–3 TL Harissa (orientalische Würzpaste)** aufkochen und ca. 5 Min. köcheln, mit Salz und Pfeffer abschmecken. Die Spätzle abtropfen lassen, mit der heißen Tomatensauce mischen und zu den Cevapcici servieren.

LACHSCURRY

1/2 Bd. Frühlingszwiebeln in Ringe schneiden. 2 rote Paprikaschoten vom Kerngehäuse befreien und würfeln. 500 g Lachsfilet klein schneiden. 1 EL Öl in einem großen Topf erhitzen und die weißen Zwiebelringe darin glasig dünsten. Die Paprika zugeben, leicht andünsten. Mit 1–2 TL Currypulver würzen, leicht anrösten, dann mit 200 ml Kokosmilch (Dose) und 200 ml Orangensaft ablöschen. Den Lachs und 400 g Prinzessbohnen (TK) zugeben. Alles ca. 10 Min. garen. Kurz vor Ende der Garzeit die grünen Zwiebelringe untermengen. Mit Curry, Salz und Pfeffer abschmecken. **Tipp:** Die übrige Kokosmilch mit Ananassaft und 2 reifen Bananen pürieren und als Smoothie servieren.

VEG

KARTOFFEL-GEMÜSE-PUFFER

700 g Kartoffeln und 300 g Möhren schälen und grob raspeln. 3 Schalotten schälen, fein hacken und zugeben. Das Gemüse mischen, in ein Sieb geben und Flüssigkeit herausdrücken. In einer großen Schüssel mit 2 Eiern und ca. 100 g Vollkorn-Weizenmehl verrühren. Nur so viel Mehl zugeben, dass eine gut formbare Masse entsteht. Mit Salz, Pfeffer und 2 TL getr. Majoran würzen. Etwas Öl oder Butterschmalz in einer beschichteten Pfanne erhitzen. Jeweils 1 gehäuften EL der Masse hineinsetzen und rasch flach drücken. Die Puffer bei mittlerer Hitze von beiden Seiten goldbraun braten. Vor dem Braten der nächsten Portion wieder Fett (insg. werden ca. 8 EL benötigt) in der Pfanne erhitzen. Gebratene Puffer auf Küchenpapier geben und abtropfen lassen. **Tipp:** Dazu passen ein bunter Salat und ein Kräuterdip.

FUSILLI MIT ERBSEN UND SCHINKEN

1 Zwiebel und 1 Knoblauchzehe schälen und fein hacken. 150 g gekochten Schinken in Streifen schneiden. 1 EL Öl in einem Topf erhitzen, Zwiebeln und Knoblauch darin andünsten. 400 g Erbsen (TK) zugeben, 100 ml Gemüsebrühe und 200 ml Sahne zugießen und ca. 8 Min. bei mittlerer Hitze dünsten. In der Zwischenzeit 500 g Fusilli in reichlich Salzwasser nach Packungsanleitung bissfest kochen. Kurz vor Ende der Garzeit die Sauce mit Salz, Pfeffer und etwas Zitronensaft abschmecken. Die Nudeln abgießen und mit der Sauce auf vier Teller verteilen. Dazu gehackte Kräuter nach Wahl (Petersilie, Basilikum, Minze) und 100 g geriebenen Parmesan auf den Esstisch stellen, die jeder nach Wunsch unter die Pasta mischen kann.

VEG

MILCHREISAUFLAUF MIT APRIKOSEN

Den Backofen auf 180 °C vorheizen. **1 l Milch** mit **1 Prise Salz** aufkochen und **250 g Milchreis** darin bei geringer Hitze in ca. 20 Min. garen. In der Zwischenzeit **3 Eier** trennen. Die Eiweiße steif schlagen, die Eigelbe mit **1 EL Zucker, 1 Pck. Vanillezucker, Abrieb von 1/2 Bio-Zitrone** und **250 g Magerquark** verrühren. **1 Dose Aprikosen (825 g)** abtropfen lassen und in Spalten schneiden. Die Quarkmasse mit dem Milchreis mischen, dann den Eischnee behutsam unterheben. Eine Auflaufform ausfetten, die Hälfte der Reismasse einfüllen, die Aprikosenspalten darauf verteilen und mit der übrigen Reismasse bedecken. Im Backofen ca. 30 Min. backen, bis die Oberfläche goldbraun ist. **Tipp:** Dazu schmeckt Vanillesauce.

VEG

GEFÜLLTE GURKEN

Den Backofen auf 200 °C vorheizen. 125 g Sojagranulat nach Packungsanleitung mit kochendem Wasser übergießen und quellen lassen. Mit Salz, Pfeffer und Paprikapulver (edelsüß) kräftig würzen, 1/2 Zwiebel schälen und fein hacken, andünsten und zusammen mit 1 Pck. Kräutern (TK) unterheben. 4 Minigurken (ca. 500 g) längs halbieren und die Kerne mit einem Löffel herausschaben. Die Gurkenhälften mit der Sojamasse füllen. 1 Dose stückige Tomaten (400 g) mit 250 ml Gemüsebrühe verrühren. 1 Knoblauchzehe schälen, pressen und untermengen, alles mit Salz und Pfeffer abschmecken. Die Tomatensauce in eine gefettete Auflaufform geben und die gefüllten Gurken daraufsetzen. Mit 100 g geriebenem Käse bestreuen und ca. 30 Min. im Backofen backen.
Tipp: Dazu schmeckt Langkornreis.

CHAMPIGNON-HÄHNCHEN-PFANNE MIT SPÄTZLE

1 kleine Zwiebel schälen und fein hacken. 400 g geschnetzelte Hähnchenbrust in 2 EL Mehl wenden. 1/2 Bd. Frühlingszwiebeln in Ringe schneiden. 300 g Champignons in Scheiben schneiden. 1 EL Öl in einer großen Pfanne erhitzen, Champignons darin anbraten. Wenn sie leicht gebräunt sind, Zwiebeln und Frühlingszwiebeln zugeben und andünsten, dabei ggf. Hitze reduzieren. 200 ml Hühnerbrühe und 200 ml Sahne angießen und ca. 10 Min. köcheln lassen. Zum Schluss mit Salz, Pfeffer und Paprikapulver (rosenscharf) abschmecken. In der Zwischenzeit 250 g Spätzle in Salzwasser garen, dann abtropfen lassen. Die Spätzle unter die Champignon-Hähnchen-Pfanne heben und alles mit einigen Petersilienblättchen bestreut servieren.

CHAMPIGNON-HÄHNCHEN-PFANNE MIT SPÄTZLE, S. 88

GEMÜSE-REIS-PFANNE MIT GYROS

1 dünne Stange Lauch in Ringe schneiden. 300 g Weißkohl und 1 grüne entkernte Spitzpaprika in Streifen schneiden. 2 EL Öl in einem Wok oder einer großen Pfanne erhitzen. 400 g Gyrosfleisch (vom Metzger) darin rundherum gut anbraten, herausnehmen. Dann das Gemüse zusammen mit 1 EL Tomatenmark in der Pfanne kurz andünsten. 200 g Basmatireis zufügen, 500 ml Rinderbrühe angießen und zugedeckt ca. 15 Min. garen. Kurz vor Ende der Garzeit das Fleisch zufügen und kurz erhitzen. Mit Salz, Pfeffer und Paprikapulver (rosenscharf) abschmecken.

VEG

HIRSE MIT SOMMERGEMÜSE UND SCHAFSKÄSE

200 g Hirse nach Packungsanweisung in **Gemüsebrühe** kochen und quellen lassen. In der Zwischenzeit **1 große rote Paprikaschote** vom Kerngehäuse befreien und in Streifen schneiden, **2 Zucchini** in Scheiben schneiden, **300 g Kirschtomaten** halbieren. **1 Knoblauchzehe** schälen und fein hacken und **150 g Schafskäse** würfeln. Das Gemüse in **1 EL Olivenöl** in einer großen Pfanne unter Rühren anbraten, dann etwas Gemüsebrühe zufügen und noch ca. 5 Min. dünsten. Die gegarte Hirse und **1 EL frische Oreganoblättchen** unterheben. Den Käse darauf verteilen und leicht unterheben.

BUNTES NUDELGRATIN

Den Backofen auf 180 °C vorheizen. **250 g kurze Nudeln** (z. B. Penne, Spiralnudeln) in kochendem Salzwasser knapp bissfest garen. **150 g Erbsen (TK)** 1 Min. vor Ende der Garzeit zugeben, dann alles in ein Sieb abgießen, kalt abschrecken und gut abtropfen lassen. **250 g Magerquark** mit **150 g Schmand, 2 Eiern** und **2 EL Milch** in einer großen Schüssel verrühren. Kräftig mit **Salz, Pfeffer** und **1 EL gehackter Petersilie** würzen. **150 g Möhren** schälen und klein würfeln, **125 g gekochten Schinken** würfeln. Alle vorbereiteten Zutaten zu der Mischung in die Schüssel geben, das Ganze in eine gefettete Auflaufform füllen und im Backofen 30–40 Min. garen. 10 Min. vor Ende der Garzeit mit **100 g geriebenem Käse** bestreuen.

HÄHNCHEN-NUDEL-SUPPE

750 g Hähnchenbrustfilet in etwas Öl anbraten und in mundgerechte Stücke schneiden. 2 große Möhren schälen und in Scheiben schneiden und 250 g Brokkoli in Röschen zerteilen. 250 g Korkenzieher-Nudeln in 1 l Hühnerbrühe garen, ca. 7 Min. vor Ende der Garzeit das Gemüse zugeben. 1 Dose Mais (425 ml) abtropfen lassen und zusammen mit dem Hähnchenfleisch kurz vor Ende der Garzeit in der Suppe erwärmen. Mit Salz und Pfeffer abschmecken, 1/2 Bd. Petersilie hacken und über die Suppe streuen.

VEG

VEGETARISCHES CHILI

250 g Naturreis nach Packungsanleitung garen. **125 g Sojagranulat** nach Packungsanleitung mit kochendem Wasser übergießen und quellen lassen. Mit **1 1/2 EL Pimentón de la Vera (spanisches Gewürz), 1 TL getr. Oregano, 1 TL Chilipulver, Salz** und **Pfeffer** würzen. **2 Zwiebeln** und **2 Knoblauchzehen** schälen, würfeln und in einem großen Topf in **2 EL Öl** glasig dünsten. In der Zwischenzeit **1 rote Paprikaschote** und **1 grüne Paprikaschote** vom Kerngehäuse befreien und in Streifen schneiden. Das Sojagranulat in den Topf geben und anbraten, dann die Paprikastreifen zufügen. **2 Dosen stückige Tomaten (à 400 g)** und **200 ml Gemüsebrühe** zugießen und offen ca. 15 Min. köcheln lassen. 5 Min. vor Ende der Garzeit **480 g Kidneybohnen (Dose)** und **1 EL frische Oreganoblättchen** untermengen. Mit **200 g saurer Sahne** und dem Reis servieren.

KARTOFFELGULASCH

1 Gemüsezwiebel schälen und würfeln. 750 g Kartoffeln schälen und in 1 cm große Würfel schneiden. 3 Möhren schälen und in dünne Scheiben schneiden, 1 rote Paprikaschote vom Kerngehäuse befreien und in Streifen schneiden. Zwiebeln in einem großen Topf in 1 EL Öl bei mittlerer Hitze andünsten, 1 TL Paprikapulver (rosenscharf) und 1 EL Tomatenmark unterrühren, dann Kartoffelwürfel und Möhren zugeben und anbraten. 750 ml Rinderbrühe angießen und ca. 10 Min. köcheln lassen. Nach 5 Min. die Paprikastreifen zufügen. Vor dem Servieren 2 EL Schmand unterziehen und mit 1 EL gehackter Petersilie bestreuen. **Tipp:** Ergänzen Sie das Gulasch noch durch 4 in Scheiben geschnittene Wiener Würstchen.

VEG

PFANNKUCHEN MIT SCHNELLEM KIRSCHKOMPOTT

Den Backofen auf 70 °C vorheizen. **500 ml Milch** mit **3 Eiern** verrühren, nach und nach **250 g Dinkelmehl** und **2 EL Rohrzucker** zugeben und gut verrühren. In einer beschichteten Pfanne **etwas neutrales Öl** erhitzen und hintereinander 8 Pfannkuchen ausbacken. Dabei wenn nötig immer wieder etwas Öl zugeben (insgesamt werden ca. 4 EL Öl benötigt). Die Pfannkuchen im Ofen warm stellen. In der Zwischenzeit **1 Glas Sauerkirschen** abgießen, dabei den Fruchtsaft auffangen. **2 TL Speisestärke** mit ein wenig Saft verrühren, den Rest in einem Topf erhitzen. Speisestärke zugeben, alles kurz aufkochen lassen und die Kirschen zugeben. Die Pfannkuchen mit **etwas Zimt** und **Rohrzucker** bestreuen und mit dem Kirschkompott servieren.

SCHMORTOMATEN MIT RICOTTA-LACHS-FÜLLUNG

Den Backofen auf 200 °C vorheizen. 6 große Fleischtomaten halbieren, das Innere herauskratzen und beiseitestellen. Die Tomaten von innen leicht mit Salz und Pfeffer würzen. 200 g Räucherlachs in kleine Stücke zupfen. 250 g Ricotta mit 1 verquirltem Ei verrühren, den Lachs unterheben und mit 1 Prise Chilipulver, frisch gemahlener Muskatnuss und Salz abschmecken. Das Tomateninnere mit 250 ml Gemüsebrühe verrühren und in eine flache Auflaufform geben. Die gefüllten Tomaten hineinsetzen und im Backofen ca. 30 Min. backen. **Tipp:** Dazu passt ein Salat aus Bulgur, Gurken und Petersilie.

KNUSPRIGE SCHWEINESCHNITZEL MIT TOMATEN-BASILIKUM-SALSA

Für die Salsa **400 g Kirschtomaten** halbieren und in einer Pfanne anschmoren, bis sie weich sind. Mit **2 EL Balsamicoessig** ablöschen und vom Herd nehmen. **100 g Schafskäse** würfeln und unterheben. Mit **Salz, Pfeffer** und **1 EL Olivenöl** abrunden. Mit **einigen Basilikumblättchen** bestreuen und beiseitestellen. **4 Schweineschnitzel (à 120 g)** flach klopfen, mit Salz und Pfeffer würzen. **5 EL Cornflakes** zerbröseln und auf einen Teller geben, **2 EL Mehl** auf einen weiteren und **2 verquirlte Eier** in einen tiefen Teller geben. Die Schnitzel erst im Mehl wenden, dann im Ei und zum Schluss in den Cornflakes. Die Panade gut andrücken. **2 EL Butterschmalz** in einer großen Pfanne erhitzen und die Schnitzel darin von beiden Seiten einige Min. bei geringer Hitze anbraten. **Tipp:** Als Beilage 500 g gedünstete grüne Bohnen servieren.

KNUSPRIGE SCHWEINESCHNITZEL MIT TOMATEN-BASILIKUM-SALSA, S. 98

VEG

SCHNELLE PIZZA CAPRESE

Den Backofen auf 240 °C vorheizen. **400 g Mehl** mit **1 TL Salz, 3 EL Olivenöl, 200 ml lauwarmem Wasser** und **1 Pck. Trockenhefe** zu einem geschmeidigen Teig verkneten und zugedeckt ca. 30 Min. gehen lassen. In der Zwischenzeit **1 Dose stückige Tomaten (400 g)** mit **2 TL getr. Oregano** würzen. **1 Knoblauchzehe** schälen, fein hacken und untermengen, mit **Salz** und **Pfeffer** abschmecken. **250 g Kirschtomaten** halbieren. **125 g Mozzarella** in Stücke zupfen, **100 g Gouda** reiben. Den Teig direkt auf Backpapier in Backblechgröße ausrollen und mit der Tomatensauce bestreichen. Nun mit Tomaten, Mozzarella und Gouda belegen. Im Backofen auf der untersten Schiene ca. 20 Min. backen. Die fertige Pizza mit **einigen Basilikumblättchen** bestreut servieren.

VEG

VEGANE MÖHRENQUICHE

Den Backofen auf 200 °C vorheizen. 100 g kalte Margarine würfeln und mit 200 g Vollkornmehl, 4 EL kaltem Wasser und 1 Prise Salz zu einem Mürbeteig verkneten. In Frischhaltefolie gewickelt 30 Min. kühl stellen. 800 g Möhren schälen und in Scheiben schneiden, 1 Zwiebel schälen und würfeln. 1 TL Margarine in einer Pfanne erhitzen, Zwiebeln und Möhren darin mit etwas Wasser ca. 10 Min. bissfest dünsten. In einem Sieb abtropfen lassen. 250 g Seidentofu mit 200 ml Sojadrink pürieren. 1/2 Bd. Petersilie hacken und mit 1–2 EL Hefeflocken unterrühren. Mit Salz, Pfeffer, 1/2 TL Kurkuma und 2 TL Tahin (Sesammus) abschmecken. Den Teig zu einem Kreis ausrollen und eine Springform (ø 26 cm) damit auskleiden. Die Möhren auf dem Teig verteilen und die Sojamasse darübergießen. Im Backofen ca. 40 Min. backen.

VEG

KLASSISCHER KAISERSCHMARRN

4 Eier trennen. Die Eigelbe mit 180 g Mehl, 3 EL Zucker und 375 ml Milch verquirlen. 1 Glas Pflaumen abtropfen lassen, den Saft auffangen. Die Flüssigkeit in einem Topf mit 2 Nelken, 1 Zimtstange sowie Saft und Abrieb von 1/2 Bio-Zitrone aufkochen. Die Pflaumen zugeben und so lange kochen, bis sie fast zerfallen sind. Während das Kompott gart, die Eiweiße mit 1 Prise Salz steif schlagen und unter den Teig heben. In einer großen beschichteten Pfanne 2 EL Butterschmalz erhitzen. Die Hälfte des Teiges hineingeben, von beiden Seiten bei mittlerer Hitze hellbraun backen, dann mit einer Gabel in Stücke reißen und die Stücke noch kurz weiterbacken. Die zweite Hälfte des Teiges ebenso backen. Den Kaiserschmarrn mit etwas Puderzucker bestreuen und mit Pflaumenkompott servieren.

VEG

BUNTER GEMÜSECOUSCOUS

2 große Möhren und 1 Zwiebel schälen und in kleine Würfel schneiden. 1 gelbe Paprikaschote vom Kerngehäuse befreien und ebenfalls würfeln. 1 EL Olivenöl in einer großen Pfanne erhitzen und das Gemüse darin andünsten. 300 g Erbsen (TK) und 150 g Dicke Bohnen (Glas oder TK) zugeben und mit 250 ml Gemüsebrühe aufgießen. Aufkochen und alles bei geringer Hitze 5 Min. köcheln lassen. Mit 1 Msp. Kreuzkümmel und 1 Prise Chilipulver sowie Salz und Pfeffer abschmecken. In der Zwischenzeit 250 g Couscous nach Packungsanleitung in Gemüsebrühe garen. Den Couscous mit einer Gabel auflockern, das Gemüse unterheben und das Gericht mit 1 EL Sesamsaat und 1 EL gehackter Petersilie bestreut servieren.

PUTENRAGOUT MIT SPÄTZLE

400 g Spätzle nach Packungsanleitung in Salzwasser garen. **2 Knoblauchzehen** und **1 Zwiebel** schälen und fein würfeln, **2 kleine Zucchini** ebenfalls würfeln. **400 g Putenfleisch** würfeln und in einer Pfanne in **1 EL Öl** rundherum anbraten. Das Fleisch aus der Pfanne nehmen und beiseitestellen. Zucchini, Knoblauch und Zwiebeln in der Pfanne kräftig anbraten. Fleisch wieder zufügen und alles mit dem Saft von **1/2 Zitrone, Salz** und **Pfeffer** würzen. **Ca. 250 ml Hühnerbrühe** zugießen und alle Zutaten ca. 8 Min. bei geringer Temperatur zugedeckt garen. **1/2 Bd. glatte Petersilie** hacken und kurz vor Ende der Garzeit zufügen, die Spätzle abtropfen lassen und untermengen. Auf Teller verteilen und **125 g Schmand** dazu reichen.

LECKERES AM ABEND

VEG

OFENPOMMES MIT DIP

Ofen auf 200 °C vorheizen. **1 kg Kartoffeln** schälen, längs halbieren und in Stäbchen schneiden. **2 EL Olivenöl** mit **Salz, Pfeffer, 2 TL getr. Oregano** und **1/2 TL Chilipulver** in einer großen Schüssel verrühren. Die Kartoffelstäbchen zugeben und in der Marinade wenden. Dann nebeneinander auf einem mit Backpapier ausgelegten Backblech verteilen und im Ofen ca. 30 Min. knusprig backen, dabei einmal wenden. In der Zwischenzeit **250 g Quark** mit **250 g Joghurt** verrühren. **1 Knoblauchzehe** schälen und pressen, **1/2 Bd. Petersilie** hacken und beides untermengen, mit Salz und Pfeffer würzen. Den Kräuterdip zusammen mit den Ofenpommes servieren. Dazu passt ein bunter Salat.

VEG

GRIECHISCHER BAUERNSALAT

5 Tomaten vierteln, 1/2 Gurke in Scheiben schneiden, 1 gelbe Paprikaschote vom Kerngehäuse befreien und in Streifen schneiden. 1 Zwiebel schälen und in möglichst feine Ringe schneiden. Die vorbereiteten Zutaten in einer Salatschüssel mischen. Je 50 g entsteinte grüne und schwarze Oliven unterheben. 200 g Feta würfeln und ebenfalls untermengen. 1 Knoblauchzehe schälen, pressen und für das Dressing mit 4 EL Rotweinessig und 6 EL Olivenöl verrühren. Mit Salz und Pfeffer würzen und mit den Salatzutaten vermischen. Mit 2 EL Oreganoblättchen bestreuen.

BUNTE PIZZAKARTOFFELN

Den Backofen auf 200 °C vorheizen. **8 große Kartoffeln** mit Schale in Salzwasser in ca. 25 Min. gar kochen, abschrecken und pellen. Kartoffeln halbieren und auf ein mit Backpapier ausgelegtes Backblech setzen. **1 große Tomate** in 8 dünne Scheiben schneiden. **200 g geröstete Paprikaschoten (Glas)** in Streifen schneiden. **125 g Mozzarella** in Stücke zupfen. **100 g Gouda** reiben. **1 EL entsteinte grüne Oliven** und **1 Frühlingszwiebel** in Ringe schneiden. Die Hälfte der Kartoffeln mit Tomaten, **8 dünnen Scheiben Salami** und Mozzarella belegen. Auf den übrigen Kartoffeln Tomaten, Oliven, Frühlingszwiebeln und Gouda verteilen. Die Kartoffeln im Backofen ca. 10 Min. gratinieren.

LINSEN-GEFLÜGEL-SUPPE

250 g Hähnchenbrustfilet in Streifen schneiden. 1 kleine Stange Lauch in dünne Scheiben schneiden. 1 Schalotte schälen und fein würfeln. 1 Stück Ingwer (1,5 cm) schälen und fein hacken. 1 rote Paprikaschote vom Kerngehäuse befreien und würfeln. 2 EL Öl in einem Topf erhitzen und das Fleisch darin anbraten, herausnehmen, leicht mit Salz und Pfeffer würzen. Lauch, Schalotte und Ingwer im Öl anbraten, 1 l Hühnerbrühe zugießen und aufkochen. 200 g rote Linsen zugeben und 10–15 Min. kochen, bis die Linsen weich sind. Einige Min. vor Ende der Garzeit die Paprikawürfel zugeben. Die Suppe mit dem Saft von 1/2 Zitrone und etwas Chilipulver abschmecken. Mit einigen Korianderblättchen bestreut servieren.

VEG

GRATINIERTE AUBERGINENRÖLLCHEN

2 Auberginen (ca. 700 g) längs in Scheiben schneiden, in einer Grillpfanne in wenig Öl von beiden Seiten anbraten. 1 Knoblauchzehe schälen, fein hacken und in etwas Olivenöl andünsten. 1 Dose stückige Tomaten (400 g) zugeben, mit Salz, Pfeffer und getrocknetem Oregano würzen und einige Min. köcheln lassen. Den Backofen auf 200 °C vorheizen. 150 g Schafskäse zerkrümeln und mit 50 g Quark vermengen. Die Auberginenscheiben mit der Feta-Quark-Mischung und einigen Basilikumblättchen belegen, zusammenrollen und dicht an dicht in eine mit 1/2 EL Olivenöl ausgestrichene Auflaufform legen. Die Tomatensauce darüber verteilen. 125 g Mozzarella in Scheiben schneiden und die Auberginenröllchen damit belegen. Im Backofen in 15–20 Min. gratinieren.
Tipp: Dazu passen deftiges Bauernbrot und ein gemischter Salat.

GRATINIERTE AUBERGINEN-RÖLLCHEN, S. 110

VEG

GEMÜSEBURGER

2 Auberginen (ca. 500 g) in ca. 1 cm dicke Scheiben schneiden. Mit Salz bestreuen, einige Min. Wasser ziehen lassen und mit Küchenpapier trocken tupfen. In der Zwischenzeit 2 Tomaten in Scheiben schneiden. 3 EL Olivenöl in einer Pfanne erhitzen und die Auberginenscheiben darin anbraten. Auf Küchenpapier geben und abtropfen lassen, anschließend mit Salz, Pfeffer und Thymian würzen. 4 große Vollkornbrötchen aufschneiden. Die unteren Brötchenhälften mit 4 EL vegetarischem Aufstrich mit Tomate und Kräutern (Glas) bestreichen. Die Auberginen- und Tomatenscheiben darauflegen. 1 Knoblauchzehe schälen und fein hacken. Mit 2 EL Mayonnaise und 2 EL Joghurt verrühren und auf dem Gemüse verteilen. Mit einigen Basilikumblättchen belegen und mit den oberen Brötchenhälften abdecken.

VEG

SPINAT-APFEL-SALAT

300 g jungen Blattspinat verlesen. 3 rotschalige Äpfel schälen, vom Kerngehäuse befreien und in dünne Stifte schneiden, mit 2 TL Zitronensaft beträufeln. 125 g Schmand mit 1 Prise Currypulver, Salz und Pfeffer kräftig verrühren. Spinatblätter und Apfelstifte mischen, das Dressing vorsichtig unterziehen. Salat mit 2 EL Sonnenblumenkernen bestreuen. Dazu passt Vollkornbrot. **Tipp:** Für den etwas größeren Hunger noch 4 hart gekochte Eier in Spalten schneiden und mit dem Salat anrichten.

KARTOFFELPIZZA MIT ROTEN ZWIEBELN

Den Backofen auf 200 °C vorheizen. 350 g Dinkelmehl mit 1/2 TL Salz, 70 ml Öl, 70 ml Milch, 150 g Magerquark, 1 Ei und 1 Pck. Backpulver zu einem glatten Teig verarbeiten. Den Teig direkt auf bemehltem Backpapier zu zwei großen Kreisen (ø 30 cm) oder auf Backblechgröße ausrollen und mit einem Küchentuch abdecken. 400 g rote Zwiebeln schälen und in dünne Spalten schneiden. 400 g Kartoffeln schälen und in sehr dünne Scheiben hobeln. 150 g Speck ebenfalls in dünne Streifen schneiden. 1 Knoblauchzehe schälen und pressen, mit 250 g Schmand und 2 EL Olivenöl verrühren und mit Salz und Pfeffer abschmecken. Den Teig mit dem Schmand bestreichen, dann mit Zwiebeln, Kartoffeln und Speck belegen. Nach Geschmack mit Kümmel würzen. Die Kartoffelpizza auf der untersten Schiene im Backofen ca. 25 Min. backen.

KARTOFFELPIZZA MIT ROTEN ZWIEBELN, S. 114

VEG

GRÜNER SPARGEL MIT EIERN UND VINAIGRETTE

3 Eier hart kochen, kalt abschrecken, abkühlen lassen, dann pellen und in kleine Würfel schneiden. 1 kg grünen Spargel im unteren Drittel schälen und in kochendem Salzwasser 5 Min. bissfest garen, dann abtropfen lassen. 2 Schalotten und 1 Knoblauchzehe schälen und sehr fein würfeln, mit 6 EL Weißweinessig, 1 TL flüssigem Honig, Salz, Pfeffer und 7 EL Walnussöl (ersatzweise Sonnenblumenöl) zu einem Dressing verrühren. Den Spargel auf einer Servierplatte anrichten, die Vinaigrette darüberträufeln und die Eierwürfel darauf verteilen.

VEG

MÖHRENCREMESUPPE MIT SESAM

500 g Möhren schälen und in Scheiben schneiden, **1 Stück Ingwer (2 cm)** schälen und sehr fein hacken. Je **1 EL Sesam- und Sonnenblumenöl** in einem Topf erhitzen, darin die Möhren und den Ingwer bei mittlerer Hitze andünsten. **750 ml Gemüsebrühe** angießen und 10 Min. kochen lassen. Die Suppe mit dem Mixer pürieren. **2 EL Crème fraîche** und **2 EL gehackte Petersilie (TK)** unter die Suppe ziehen. **2 EL Sesamsamen** in einer Pfanne ohne Fett rösten, die Suppe auf Teller verteilen und den Sesam über die angerichtete Suppe streuen.

LAUWARMER FORELLEN-REIS-SALAT

300 g Naturreis in ca. 30 Min. bissfest garen. In der Zwischenzeit 50 g Mandelblättchen in einer Pfanne ohne Fett rösten. Von 5 Orangen 1 auspressen, die übrigen filetieren. Orangensaft mit etwas Salz und Pfeffer verrühren, 2 EL Olivenöl und 1 TL gehackte Petersilie (TK) unterrühren. 250 g jungen Blattspinat verlesen. 500 g geräuchertes Forellenfilet in mundgerechte Stücke teilen. Den Reis abgießen, zurück in den Topf geben und unter Rühren ausdampfen lassen. In eine große Schüssel geben und mit einer Gabel auflockern. Das Dressing, die Spinatblätter, die Orangenfilets und die Forellenstücke unterheben. Mit den Mandelblättchen bestreut lauwarm servieren.

VEG

GEMÜSETORTILLA

500 g Pellkartoffeln vom Vortag schälen und in Scheiben schneiden. 1 Gemüsezwiebel schälen und fein hacken, 2 rote Paprikaschoten vom Kerngehäuse befreien und würfeln, 1 Zucchini und 1 Dose Artischockenböden (400 g) ebenfalls klein würfeln. 8 Eier mit 4 EL Milch, Salz, Pfeffer und 1 Prise Paprika (rosenscharf) verquirlen. 2 EL Öl in einer großen beschichteten Pfanne erhitzen. Kartoffelscheiben, Zwiebel-, Paprika- und Zucchiniwürfel darin bei mittlerer Hitze andünsten. Herausnehmen und das Gemüse mit den Artischocken unter die Eiermasse heben. 2 EL Öl in die Pfanne geben und die Eier-Gemüse-Masse hineingießen. Einen Deckel auflegen, nach 2 Min. die Hitze reduzieren und die Tortilla in weiteren 6 Min. stocken lassen. Mithilfe eines großen Tellers wenden und von der anderen Seite ca. 5 Min. braten.

ITALIENISCHER BROTSALAT

500 g Bauernbrot in Stücke schneiden, in eine Salatschüssel geben und mit Wasser besprenkeln, sodass es feucht, aber nicht zu nass ist. 1 rote Zwiebel schälen und in feine Ringe schneiden, 6 Eiertomaten würfeln, Blätter von 1/2 Bd. Basilikum grob zupfen. 6 Sardellenfilets gut abspülen und in Stücke schneiden. Alles mit 10 entkernten grünen Oliven, 1 TL Kapern, 3 EL gutem Olivenöl, 1 EL Rotweinessig, Salz und Pfeffer zu dem Brot geben und vermengen. 30 Min. durchziehen lassen.

ERBSENSUPPE MIT GARNELEN

1 Zwiebel und 1 Knoblauchzehe schälen und fein würfeln. 2 EL Öl in einem Topf erhitzen, Zwiebel und 450 g Erbsen (TK) darin andünsten. 500 ml Gemüsebrühe angießen, aufkochen und bei schwacher Hitze 12 Min. leise weiterköcheln lassen. In der Zwischenzeit 200 g geschälte Garnelen in 1 EL Olivenöl anbraten, zum Schluss den Knoblauch zufügen. Die Suppe mit dem Mixer pürieren, durch ein Sieb streichen und nochmals kurz erhitzen. Die Erbsencremesuppe auf vier Teller verteilen und die Garnelen hineingeben. Mit 1 EL gehacktem Kerbel (ersatzweise Schnittlauchröllchen) bestreut servieren.

VEG

KARTOFFELSALAT MIT GORGONZOLASAUCE

750 g festkochende Kartoffeln mit Schale ca. 20 Min. kochen. 75 g Walnüsse in einer Pfanne ohne Fett rösten, grob hacken. 100 g Gorgonzola mit einer Gabel zerdrücken, mit 4 EL Milch und 2 EL Olivenöl verrühren und mit Pfeffer würzen. 250 g jungen Blattspinat verlesen. 125 g Mozzarella würfeln. 125 ml Gemüsebrühe in einem Topf aufkochen, 2 EL Balsamicoessig unterrühren. Die Kartoffeln pellen, in Scheiben schneiden, in eine Salatschüssel geben und mit der Brühe übergießen. Spinat und Mozzarella unterheben, die Gorgonzolasauce unterziehen und mit den Walnüssen bestreut servieren.

VEG

NUDELSALAT MIT CHAMPIGNONS

250 g Penne in Salzwasser knapp bissfest garen, dann abschrecken und abtropfen lassen. In der Zwischenzeit 2 Schalotten und 1 Knoblauchzehe schälen und fein würfeln. 250 g Champignons in Scheiben schneiden. 1 EL Olivenöl in einer Pfanne erhitzen, Schalotten und Knoblauch darin andünsten, Champignons kurz mitbraten. 50 g Pinienkerne in einer Pfanne ohne Fett rösten. Von 1 Bd. Rucola die Stiele abschneiden. Aus Salz, Pfeffer, 1 TL Senf, 1 TL Honig, 2 EL Essig, 3 EL Orangensaft und 4 EL gutem Olivenöl eine Vinaigrette rühren. Penne, Champignons, Schalotten, Knoblauch und Rucola in eine Schüssel geben und mit der Vinaigrette vermengen. Mit den Pinienkernen bestreut servieren.

VEG

FRITTATA MIT GRÜNEM SPARGEL

500 g grünen Spargel im unteren Drittel schälen und die holzigen Enden abschneiden. Die Stangen schräg in ca. 2 cm große Stücke schneiden. 6 Eier mit 150 ml Milch verquirlen, mit Salz und Pfeffer würzen, 1 1/2 EL italienische Kräuter (TK) unterrühren. 1 EL Olivenöl in einer großen Pfanne erhitzen. Den Spargel darin 2 Min. unter ständigem Rühren bei hoher Temperatur anbraten. Die Eiermasse gleichmäßig über das Gemüse gießen, zugedeckt bei geringer Temperatur ca. 8 Min. stocken lassen. 150 g Ricotta als Kleckse daraufsetzen und nochmals ca. 2 Min. stocken lassen, bis der Frischkäse geschmolzen ist.

FRITTATA MIT
GRÜNEM SPARGEL, S. 124

VEG

WINTERLICHES OFENGEMÜSE

Den Ofen auf 200 °C vorheizen. **2 Gemüsezwiebeln** schälen und in Spalten schneiden, **500 g Petersilienwurzeln** und **500 g Möhren** schälen und würfeln. **1 große Fenchelknolle** in Spalten schneiden. **4 EL Sonnenblumenöl** mit **1 TL Honig, Salz, Pfeffer, 1 Msp. Piment** und **1 Msp. Kreuzkümmel** verrühren. Das Gemüse in eine ofenfeste Form geben und mit dem gewürzten Öl beträufeln. Das Gemüse ca. 30 Min. garen, dabei gelegentlich umrühren. **Tipp:** Das Ofengemüse schmeckt warm oder kalt. Es kann noch durch 4 EL gehackte Nüsse nach Wahl und 150 g gewürfelten Feta ergänzt werden. Einfach 10 Min. vor Ende der Backzeit auf dem Gemüse verteilen.

SOMMERLICHER GARNELEN-FRUCHT-SALAT

1 Cantaloupe-Melone entkernen und das Fruchtfleisch mit einem Kugelausstecher herauslösen. 1/2 Zitrone auspressen. 1 großen Apfel vom Kerngehäuse befreien, würfeln und mit etwas Zitronensaft beträufeln. Melone und Apfel mit 300 g gegarten Garnelen mischen. 150 g Joghurt mit 1 EL Milch, etwas Zitronensaft, 1 Prise Currypulver, Salz und Pfeffer würzen und unterheben. 2 Köpfe Mini-Romanasalat in Blätter zerteilen und vier Teller strahlenförmig mit den Blättern auslegen. 8 große Erdbeeren halbieren und zwischen den Salatblättern anrichten. Den Melonen-Garnelen-Salat in der Mitte der Teller verteilen. Dazu Baguette reichen.

VEG

BRÖTCHEN MIT EIERSALAT

4 Eier hart kochen, kalt abschrecken, abkühlen lassen, dann pellen und würfeln. 1 rote Paprikaschote vom Kerngehäuse befreien und fein würfeln. 1 Selleriestange ebenfalls fein würfeln. 150 g Joghurt, etwas Zitronensaft und 2 TL Schnittlauchröllchen (TK) glatt rühren, mit Salz, Pfeffer und 1/2 TL Currypulver abschmecken. Zunächst das Gemüse, dann die Eier unter das Joghurt-Dressing heben. Einige Salatblätter in Stücke zupfen. 4 Baguettebrötchen halbieren, mit 1 EL zimmerwarmer Butter oder Margarine bestreichen und mit den Salatblättern und dem Eiersalat belegen.

VEG

MÖHREN-TOFU-AUFSTRICH

300 g Möhren schälen und in Scheiben schneiden. 2 Schalotten und 1 Knoblauchzehe schälen und fein würfeln, 1 Stück Ingwer (ca. 1 cm) schälen und sehr fein hacken. 1 EL Öl in einer Pfanne erhitzen und die vorbereiteten Zutaten darin bei mittlerer Hitze andünsten. Mit 1 EL Zitronensaft und 1 EL Sojasauce ablöschen. 200 g Tofu klein schneiden, mit dem Pfanneninhalt und 1 EL Tahin (Sesammus) zu einer streichfähigen Paste pürieren. **Tipp:** Hält sich im Kühlschrank mit etwas Öl bedeckt ca. 1 Woche.

VEG

BAUERNBROT MIT AVOCADO UND MANGO

200 g Tomaten in Stücke schneiden und in einer Pfanne in **1 TL Olivenöl** bei geringer Hitze andünsten. Währenddessen **1 Mango** und **1 Avocado** schälen, entkernen, würfeln und mit dem **Saft von 1/2 Zitrone** beträufeln. Die Pfanne vom Herd ziehen, Tomaten mit Mango und Avocado mischen und mit **Salz** und **Pfeffer** würzen. **8 große Scheiben Bauernbrot** halbieren und toasten. **50 g Frischkäse** mit **125 g Magerquark** verrühren und die Brotscheiben damit bestreichen. Die Gemüse-Obst-Mischung auf den Broten verteilen und mit **etwas Kresse** bestreuen.

BAUERNBROT MIT TOMATEN, AVOCADO UND MANGO, S. 130

PERUANISCHE MAISSUPPE

2 Schalotten schälen und fein hacken. 1 EL Öl in einem Topf erhitzen, die Schalotten darin andünsten, mit 1 EL Mehl bestäuben und einige Min. braten. 250 ml Hühnerbrühe angießen, dabei kräftig umrühren. Von 1 Dose Mais (425 ml) 2 EL beiseitestellen, den übrigen Mais in den Topf geben. Alles zugedeckt bei geringer Hitze ca. 20 Min. garen. Die Suppe pürieren, anschließend durch ein Sieb streichen. 125 ml Sahne und 125 ml Milch zugießen, die übrigen Maiskörner in die Suppe geben, alles aufkochen und 2 EL Schnittlauchröllchen (TK) unterrühren.

VEG

FLAMMKUCHEN

Den Backofen auf 240 °C vorheizen, das Blech direkt auf den Boden des Ofens legen. Aus **400 g Mehl, 10 g Salz, 250 ml Wasser** und **3 EL Öl** einen glatten Teig kneten, abgedeckt beiseitestellen. **8 rote Zwiebeln** schälen und in feine Ringe schneiden. **4–5 Knollen Rote Bete (vorgegart)** in Scheiben schneiden. **150 g Ziegenkäse** in Scheiben schneiden. Nadeln von **1 Stängel Rosmarin** hacken, mit **300 g Crème fraîche** und **1 EL Öl** verrühren, mit **Salz** und **Pfeffer** abschmecken. Den Teig halbieren und auf zwei Bögen Backpapier dünn ausrollen. Die Creme darauf verstreichen und mit den Zutaten belegen. Darüber **2 TL Honig** und **2 EL Balsamicoessig** träufeln. Die Flammkuchen nacheinander backen. Dazu das Backpapier auf das heiße Blech ziehen und auf dem Boden des Ofens ca. 5 Min. backen. Weitere 2 Min. auf der 2. Schiene von oben bräunen.

VEG

BLITZ-MINESTRONE

1 Zwiebel und **1 Knoblauchzehe** schälen und fein hacken. **1 EL Olivenöl** in einem großen Topf erhitzen. Zwiebeln und Knoblauch darin bei schwacher Hitze andünsten. **1 l Gemüsebrühe** zugießen, aufkochen lassen. **500 g Suppengemüse (TK)** sowie **125 kurze Nudeln** (z. B. Penne, Spiralnudeln) zufügen und das Ganze ca. 10 Min. köcheln lassen. In der Zwischenzeit **250 g Kirschtomaten** halbieren und **1 Dose weiße Bohnen (400 g)** in einem Sieb abspülen und abtropfen lassen. Tomaten und Bohnen 2 Min. vor Ende der Garzeit zufügen. Die Suppe mit **Salz** und **Pfeffer** abschmecken. Mit **2 EL gehackter Petersilie** und **1 EL frisch geriebenem Parmesan** bestreut servieren.

VEG

TABOULÉ

250 g Couscous nach Packungsanleitung in Gemüsebrühe garen und quellen lassen. Anschließend mit einer Gabel auflockern und in eine Salatschüssel geben. Saft von 1 Limette und 2 EL gutes Olivenöl untermischen. Blättchen von 1 Bd. glatter Petersilie und von 3 Stängeln Minze fein hacken. 1 Gurke entkernen und würfeln. 3 Frühlingszwiebeln in sehr feine Ringe schneiden. Kräuter und Gemüse unter den Couscous heben, mit Salz und Pfeffer abschmecken, 150 g Feta zerbröseln und darüberstreuen.

VEG

BASILIKUM-SCHAUMSUPPE

300 g Rahmspinat (TK) auftauen lassen. 2 Schalotten und 1 Knoblauchzehe schälen und fein würfeln. Die Blätter von 1 Bd. Basilikum hacken. 1 EL Olivenöl in einem Topf erhitzen, Schalotten und Knoblauch darin andünsten. Mit 1 EL Mehl bestäuben, 500 ml Gemüsebrühe und 125 g Sahne unter Rühren zugießen, aufkochen lassen. Basilikum und Rahmspinat in die Suppe geben, anschließend mit einem Pürierstab schaumig aufmixen. **Tipp:** Mit Croûtons oder 2 EL geriebenem Parmesan bestreut servieren.

VEG

DINKEL-ERDNUSS-AUFSTRICH

150 g fein geschroteten Dinkel mit **1 Msp. Piment** in **300 ml Gemüsebrühe** aufkochen und ca. 10 Min. quellen lassen. **1 große Zwiebel** schälen und fein hacken und in **3 EL Margarine** glasig dünsten. Dinkel mit Zwiebel und Margarine, **3 EL Hefeflocken, 2 EL Erdnussmus** und **2 EL gehackter Petersilie** verrühren. Mit **etwas Zitronensaft, Salz** und **Pfeffer** abschmecken.

VEG

ZUCCHINITARTE

160 g Mehl mit 2 TL Backpulver und 1 Prise Salz mischen. 80 g Magerquark, 3 EL Wasser und 2 EL Öl zufügen, zuerst mit den Knethaken des Handrührgeräts, dann zügig mit den Händen zu einem Teig verarbeiten. Abgedeckt bei Zimmertemperatur ca. 20 Min. ruhen lassen. Den Backofen auf 220 °C vorheizen. 250 g Sahne, 3 Eier, 100 g geriebenen Käse und 2 TL getr. Oregano verrühren, mit Salz, Pfeffer und Paprikapulver (edelsüß) abschmecken. Den Teig ausrollen und eine gefettete Springform (ø 26 cm) damit auskleiden. 2 kleine Zucchini in Scheiben schneiden und auf dem Teigboden verteilen, die Sahne-Ei-Mischung darübergießen und die Quiche im Backofen auf der 2. Schiene von unten ca. 30 Min. backen.

GUTES FÜR GÄSTE

VEG

GLASNUDEL-GEMÜSE-SALAT

200 g Glasnudeln nach Packungsanweisung garen, abtropfen lassen und in ca. 10 cm lange Stücke schneiden. In der Zwischenzeit 300 g Austernpilze in Stücke schneiden und 1 Knoblauchzehe schälen und fein hacken. 3 EL Öl in einer großen Pfanne erhitzen, Knoblauch und 300 g Brokkoli (TK) zugeben und bei niedriger Hitze 5 Min. dünsten. Austernpilze zugeben und kurz mitdünsten, dann die Pfanne vom Herd ziehen. 2 EL Reisessig (ersatzweise Weißweinessig) mit 1 Msp. Chilipulver und 4 EL Sojasauce verrühren und unter das Gemüse in der Pfanne ziehen. 1/4 Bd. Frühlingszwiebeln in Ringe schneiden und ebenfalls unterheben. Den Pfanneninhalt in eine Salatschüssel geben und die Glasnudeln untermengen. Mit 50 g ungesalzenen Erdnüssen bestreuen und servieren.

SALTIMBOCCA ALLA ROMANA

Den Backofen auf 70 °C vorheizen. 8 dünne Kalbsschnitzel (à ca. 80 g) und 8 Scheiben Parmaschinken halbieren. Das Fleisch mit etwas Pfeffer würzen. Mit Schinken und von insgesamt 16 Salbeiblättern mit je 1 Blatt belegen, mit Holzspießen feststecken. Etwas Öl (insgesamt werden ca. 3 EL benötigt) in einer großen Pfanne erhitzen und die Schnitzel portionsweise darin von jeder Seite ca. 2 Min. braten. Die gebratenen Schnitzel im Backofen warm stellen. 4 EL Marsala oder Rinderbrühe in die Pfanne gießen, den Bratensatz lösen und etwas einkochen lassen, mit Salz abschmecken. **Tipp:** Als schnelle Beilage dazu Brot und in Scheiben geschnittene Tomaten reichen, die sich jeder bei Tisch selbst mit Salz, Pfeffer, Essig und Öl würzt.

CREMIGE KARTOFFEL-LAUCH-SUPPE

2 Schalotten schälen und in feine Ringe schneiden. **1 große Lauchstange** putzen, den weißen bis hellgrünen Teil in Ringe schneiden. **500 g Kartoffeln** schälen und grob würfeln. **1 EL Butter** und **1 EL Öl** in einem großen Topf erhitzen. Schalotten, Lauch und Kartoffeln darin andünsten. Mit **1 l Gemüsebrühe** ablöschen und unter Rühren aufkochen. Mit **Salz, Pfeffer** und **etwas frisch gemahlener Muskatnuss** würzen. Die Suppe 20 Min. bei geringer Hitze köcheln lassen. In der Zwischenzeit **50 g durchwachsenen Speck** würfeln, in einer Pfanne ohne Fett knusprig braten, **1/2 Bd. glatte Petersilie** und **1/4 Bd. Schnittlauch** hacken. Die Suppe sehr fein pürieren, mit Speck und Kräutern bestreut servieren.

CREMIGE KARTOFFEL-LAUCH-SUPPE, S. 142

VEG

SPINAT-SCHAFSKÄSE-PÄCKCHEN

Den Backofen auf 200 °C vorheizen. **150 g Blattspinat (TK)** antauen lassen. **12 quadratische Platten TK-Blätterteig (à 45 g)** auftauen lassen. **200 g Feta** würfeln, **1/2 Bd. glatte Petersilie** hacken, **3 Frühlingszwiebeln** in Ringe schneiden. Jeweils etwas Spinat, Feta, Petersilie und Frühlingszwiebeln auf den Blätterteigquadraten verteilen. Mit wenig **Salz, Pfeffer** und **frisch gemahlener Muskatnuss** würzen. Die Quadrate zu Dreiecken zusammenklappen, die Ränder fest zusammendrücken. Die Päckchen mit einer Gabel je zwei- bis dreimal einstechen. Mit **etwas Milch** bepinseln. Auf ein mit Backpapier ausgelegtes Backblech setzen und im Backofen ca. 25 Min. goldbraun backen.

ROT-WEISSER BOHNENSALAT

Die Blätter von 1 Friséesalat in Stücke zupfen. 125 g Speck würfeln und in einer Pfanne knusprig ausbraten. 1 Dose Kidneybohnen (400 g) und 1 Dose weiße Bohnen (400 g) in ein Sieb geben, abspülen und abtropfen lassen. 1 großen Apfel vom Kerngehäuse befreien und würfeln. 3 EL Weißweinessig, Salz, Pfeffer und 5 EL Sonnenblumenöl zu einem Dressing verrühren. 2 EL Schnittlauchröllchen (TK) unterheben. Friséesalat, Bohnen, Speck und Apfel in einer Salatschüssel mischen, das Dressing unterziehen. Mit 2 EL gerösteten Sonnenblumenkernen bestreuen.

VEG

KÄSEQUICHE MIT WALNÜSSEN

Für den Teig 200 g Mehl, 100 g gewürfelte kalte Butter, 1 Eigelb und ca. 4 EL kaltes Wasser zügig zu einem Teig verkneten. In Frischhaltefolie eingewickelt 30 Min. kühl stellen. Den Backofen auf 200 °C vorheizen. 400 g Frischkäse, 150 ml Milch und 2 Eier verquirlen. 200 g Walnüsse grob hacken und untermengen. 100 g Greyerzer reiben und unter die Frischkäsemasse ziehen. 1 rote Zwiebel schälen und fein hacken, in etwas Öl glasig dünsten und mit 2 TL Thymianblättchen ebenfalls untermengen. Mit Salz, Pfeffer und etwas Paprikapulver (edelsüß) abschmecken. Eine Springform (ø 26 cm) mit Backpapier auslegen. Teig auf einer bemehlten Arbeitsfläche ausrollen, in die Form legen, dabei einen hohen Rand formen. Die Frischkäsemasse auf dem Teigboden verteilen. Die Quiche im Backofen ca. 30 Min. backen.

KÄSEQUICHE MIT WALNÜSSEN, S. 146

VEG

PILZ-CROSTINI

1 Baguette schräg in 12 Scheiben schneiden und unter dem Backofengrill bei 220 °C ca. 5 Min. rösten. Darauf achten, dass sie nicht verbrennen. 400 g Champignons in Scheiben schneiden, 2 Knoblauchzehen und 2 Zwiebeln schälen und fein würfeln. Zwiebeln und Knoblauch in einer Pfanne in 1 EL Olivenöl andünsten, herausnehmen und beiseitestellen. Die Pilze bei hoher Temperatur braten, bis fast die gesamte Pilzflüssigkeit verdampft ist. Vom Herd nehmen, Schalotten und Knoblauch wieder zugeben. 1 kleines Bd. Petersilie fein hacken, die Blättchen unterrühren und die Pilze mit einem Spritzer Zitronensaft, Salz und Pfeffer abschmecken. Die Pilzmischung auf den gerösteten Brotscheiben verteilen und sofort servieren.

VEG

MÖHREN-KÄSE-SUPPE

2 Zwiebeln schälen und würfeln. 400 g Möhren schälen und in Scheiben schneiden, 1 kleine Kartoffel schälen und raspeln. Zwiebeln, Möhren und Kartoffel in 1 EL Öl bei mittlerer Hitze andünsten. 1 l Gemüsebrühe angießen und ca. 10 Min. köcheln lassen. Anschließend fein pürieren. 150 g geriebenen Gouda zugeben und unter Rühren schmelzen lassen. Mit Salz, Pfeffer und frisch gemahlener Muskatnuss abschmecken. Die Suppe mit 2 EL gehacktem Kerbel (ersatzweise Petersilie) bestreut servieren. **Tipp:** Dazu in Butter geröstetes Brot reichen.

VEG

BIRNEN MIT ZIEGENKÄSEFÜLLUNG

4 reife Birnen längs halbieren, das Kerngehäuse herausschneiden, die Schnittflächen mit etwas Zitronensaft beträufeln. 100 g Ziegenfrischkäse mit 125 g griechischem Joghurt verrühren und mit etwas Salz und Pfeffer würzen. Die Blättchen von 2 Stängeln Minze abzupfen, einige schöne Blättchen beiseitelegen, den Rest fein hacken. Minze unter die Frischkäsemischung heben und in die Birnenhälften füllen. 50 g Walnüsse hacken und auf den Birnen verteilen, mit den übrigen Minzeblättchen garnieren.

VEG

SPAGHETTISALAT MIT RUCOLA

250 g Spaghetti in reichlich Salzwasser bissfest kochen, abgießen, abschrecken und abtropfen lassen. In der Zwischenzeit **1 Bd. Rucola** grob hacken, **250 g Kirschtomaten** halbieren, **125 g Mozzarella** in Scheiben schneiden. Nudeln, Tomaten, Rucola, Mozzarella und **75 g entsteinte schwarze Oliven** in einer Salatschüssel mischen. **1 Knoblauchzehe** schälen und pressen, mit **1 TL Honig, 1 TL Senf, 2 EL Weißweinessig, 2 EL Balsamicoessig, 7 EL Olivenöl, Salz** und **Pfeffer** zu einem Dressing verrühren und unter den Salat heben. **50 g Parmesan** in grobe Späne hobeln und den Salat damit bestreuen.

DATTELN IM SPECKMANTEL

12 Scheiben durchwachsenen Speck längs halbieren, evtl. vorhandene Knorpel herausschneiden. 24 getrocknete Datteln mit jeweils einem Speckstreifen fest umwickeln, nebeneinander in eine Pfanne legen. Die Pfanne auf dem Herd auf mittlere Temperatur erhitzen und die Datteln darin 1–2 Min. braten, bis der Speck gebräunt ist. Dann wenden und von der anderen Seite ebenso braten. Die Pfanne vom Herd ziehen und den Speck mit Holzspießchen feststecken. Die Datteln im Speckmantel noch warm servieren, sie schmecken aber auch kalt.

VEG

ITALIENISCHE BROT-TOMATEN-SUPPE

4 Scheiben Bauernbrot oder Roggenbrot toasten. Von 3 Knoblauchzehen 1 schälen, halbieren und die Brote damit bestreichen. Die übrigen Knoblauchzehen und 2 Schalotten schälen und fein hacken. 2 EL Olivenöl in einem Topf erhitzen, Knoblauch und Schalotten darin andünsten, 2 Dosen stückige Tomaten (à 400 g) zufügen. 500 ml Gemüsebrühe zugießen und aufkochen lassen, anschließend fein pürieren. Die Brotscheiben in grobe Stücke zupfen und zugeben, die Suppe mit Salz und Pfeffer abschmecken. Alles bei geringer Hitze ca. 15 Min. zu einer dicken Suppe kochen. Vor dem Servieren 2 EL gehackte Petersilie (TK) unterrühren.

TEX-MEX-WRAPS

1 Dose Kidneybohnen (400 g) und 1 Dose Mais (425 ml) in ein Sieb geben, abspülen und abtropfen lassen. Je 1 rote Paprikaschote und 1 gelbe Paprikaschote vom Kerngehäuse befreien und in dünne Streifen schneiden. Die Blätter von 1/2 Kopf Eisbergsalat in Stücke zupfen. 150 g Cabanossi schräg in dünne Scheiben schneiden. 250 ml passierte Tomaten (Pck.) mit 2 TL flüssigem Honig, 1 EL mildem Essig, etwas Chilipulver, Salz und Pfeffer würzen. 4 Tortilla-Wraps nach Packungsanleitung erwärmen. Dann auf eine Arbeitsfläche legen, mit der Tomatensauce bestreichen. Wraps mit Salat, Mais, Bohnen und Cabanossi belegen und je 1 EL saure Sahne daraufgeben. Die Rundungen der Wraps zur Mitte klappen. Die Wraps zusammenrollen und anrichten.

VEG

OBATZDA

250 g Camembert würfeln. 3 Schalotten schälen und fein hacken. Camembert und Schalotten mit 100 g zimmerwarmer Butter, 4 TL Paprikapulver (rosenscharf) und 4 TL Paprikapulver (edelsüß) mithilfe einer Gabel vermengen. Mit Salz und Pfeffer abschmecken. Obatzda in ein Schälchen füllen und mit 1 EL gehackter glatter Petersilie bestreuen.

Tipp: Traditionell werden dazu Brezeln serviert, schmeckt aber auch auf Pumpernickel oder Bauernbrot. Wer mag, reicht noch Radieschen dazu.

VEG

ZOPFBROTE MIT KNOBLAUCH UND ROSMARIN

500 g Mehl Type 405 und 500 g Mehl Type 1050 mischen. Mit 1 TL Meersalz, 2 EL Olivenöl, 2 Pck. Trockenhefe und ca. 400 ml lauwarmem Wasser zu einem Teig kneten und zugedeckt ca. 30 Min. gehen lassen. 2 große Knoblauchzehen schälen, fein hacken und in 1 TL Olivenöl glasig dünsten (der Knoblauch darf nicht bräunen). 1 EL Rosmarinnadeln hacken und mit dem Knoblauch unter den Teig kneten. Den Teig in 3 gleich große Stücke teilen, diese jeweils zu einer Rolle (Ø ca. 5 cm) formen und zu einem Zopf drehen. Auf einem mit Backpapier ausgelegten Backblech zugedeckt nochmals 30 Min. gehen lassen. Dann mit etwas Wasser bestreichen und mit etwas Meersalz bestreuen. In den kalten Backofen schieben, den Backofen auf 200 °C einstellen und nach Erreichen dieser Temperatur ca. 30 Min. backen.

ZOPFBROTE MIT KNOBLAUCH UND ROSMARIN, S. 156

DEFTIGE SAUERKRAUTSUPPE

2 Zwiebeln schälen und würfeln. 600 g Sauerkraut abtropfen lassen und etwas klein schneiden. 1 EL Öl in einem großen Topf erhitzen und die Zwiebeln darin andünsten. 1 Dose stückige Tomaten (400 g) und 1 EL Paprikapulver (edelsüß) zugeben. Das Sauerkraut zufügen, ca. 500 ml Rinderbrühe zugießen. 250 g Debrecziner in Scheiben schneiden und untermengen. Die Suppe ca. 30 Min. köcheln lassen. Mit Salz, Pfeffer und Paprikapulver abschmecken. Auf Teller verteilen und mit je 1 EL saurer Sahne servieren.

SCAMPISALAT IN ACOVADOHÄLFTEN

2 Avocados halbieren und entkernen. Aus jeder Hälfte 1 TL Fruchtfleisch herauslösen, die Schnittflächen mit etwas Zitronensaft beträufeln. 1 Knoblauchzehe schälen und pressen, mit dem Fruchtfleisch, 100 g Crème fraîche, etwas Zitronensaft und 1 Prise Chilipulver verrühren. 200 g gegarte Scampi kalt abspülen und trocken tupfen. 250 g Kirschtomaten fein hacken, mit den Scampi mischen und mit Pfeffer würzen. In die Avocadohälften füllen, die Creme darauf verteilen. Mit je 1 Basilikumblättchen garniert servieren. **Tipp:** Dazu passt Toastbrot oder Baguette.

PIZZATOASTS

Den Backofen auf 200 °C vorheizen. **200 ml passierte Tomaten (Pck.)** mit **2 EL gehackten Kräutern (TK)** verrühren und mit **Salz** und **Pfeffer** abschmecken. **250 g Mozzarella** in Scheiben schneiden, **180 g Artischockenböden (Glas)** abtropfen lassen und in Scheiben schneiden. **250 g geröstete Paprikaschoten (Glas)** abtropfen lassen. **8 Scheiben Bauernbrot** hell toasten und auf ein mit Backpapier ausgelegtes Backblech legen. Die Tomatensauce auf den Brotscheiben verteilen. 4 Brote mit **8 dünnen Salamischeiben,** der Hälfte der Artischocken und Paprika belegen. 4 Brote mit **4 Scheiben Parmaschinken,** den übrigen Artischocken und Paprika belegen. Den Mozzarella auf den Broten verteilen. Die Pizzatoasts auf der 2. Schiene von oben im Ofen ca. 10 Min. überbacken und mit **2 EL gehacktem Oregano** bestreut servieren.

GESCHNETZELTES MIT CHAMPIGNONS

600 g Schweinegeschnetzeltes mit 1 EL Speisestärke vermengen. 1 Bd. Frühlingszwiebeln in Ringe schneiden, 250 g Champignons putzen, große Pilze halbieren. 1 EL Öl in einer beschichteten Pfanne erhitzen, das Fleisch darin unter Rühren ca. 2 Min. braten, dann herausnehmen und mit Salz und Pfeffer würzen. 1 weiteren EL Öl in die Pfanne geben, Frühlingszwiebeln und Champignons zugeben, rundherum anbraten, dann 125 ml Gemüsebrühe und 100 ml Sahne zugießen und ca. 2 Min. köcheln lassen. Das Fleisch unter die Sauce heben und darin erwärmen. **Tipp:** Dazu passen Bandnudeln.

VEG

HUMMUS

1 Dose Kichererbsen (400 g) abgießen, die Flüssigkeit auffangen. 2 Knoblauchzehen schälen und pressen. Kichererbsen mit Knoblauch, 3 EL Tahin (Sesammus), Saft von 2 Zitronen, 1 Prise Chilipulver, 1 Prise gemahlenem Kreuzkümmel und etwas Salz in einen Mixer geben. 3 EL Olivenöl und etwas von der Kichererbsenflüssigkeit zugeben. Gut durchmixen; wenn die Masse zu dickflüssig ist, noch etwas mehr Flüssigkeit zufügen. Ca. 2 Std. im Kühlschrank durchziehen lassen. Vor dem Servieren mit den Gewürzen abschmecken. Mit etwas Paprikapulver (rosenscharf) und etwas gehackter Petersilie bestreuen und dazu 1 großes Fladenbrot reichen.

HUMMUS, S. 162

VEG

GEFÜLLTE MINI-BRÖTCHEN

Aus 400 g Mehl, 1/2 TL Salz, 2 TL getr. italienischen Kräutern, 200 ml lauwarmem Wasser, 3 EL Olivenöl und 1 Pck. Trockenhefe einen Hefeteig kneten. Zugedeckt bei Zimmertemperatur ca. 30 Min. gehen lassen. In der Zwischenzeit 20 Mini-Mozzarellas (ca. 150 g) gut abtropfen lassen. 100 g getrocknete Tomaten (ohne Öl) fein hacken. Den Teig in 20 Portionen teilen, diese flach drücken und mit je 1 Mozzarellakugel und getrockneten Tomaten belegen. Die Teiglinge zu Kugeln formen und dicht nebeneinander auf ein mit Backpapier ausgelegtes Backblech setzen. Mit 1 EL Olivenöl bepinseln und mit etwas getrockneten italienischen Kräutern bestreuen. In den kalten Backofen schieben, die Temperatur auf 190 °C einstellen und ca. 30 Min. backen.

ZUM NASCHEN UND KNABBERN

VEG

JOHANNISBEER-MUFFINS

Den Backofen auf 180 °C vorheizen. **75 g zimmerwarme Butter** mit **250 ml Buttermilch** und **2 Eiern** gründlich verrühren. **250 g Mehl** mit **125 g Zucker, 1 Pck. Vanillezucker** und **2 TL Backpulver** mischen und zügig unter die Butter-Eier-Milch-Mischung rühren. **250 g Johannisbeeren** unterheben. 12 Papierförmchen in die Vertiefungen eines Muffinblechs setzen, den Teig einfüllen und die Muffins im Ofen ca. 30 Min. backen. Auf einem Kuchengitter abkühlen lassen. **6 EL Puderzucker** mit **1 EL Zitronensaft** verrühren und die Muffins damit bestreichen.

VEG

PIKANTE KNABBERNÜSSE

Den Backofen auf 180 °C vorheizen. **1 Eiweiß** mit **1 TL Curry, 1 TL Paprikapulver (edelsüß)** und **1 TL Salz** in einer großen Schüssel gut verquirlen. **300 g geschälte Mandeln oder Cashewkerne** zugeben und alles gut mischen. Die Nüsse nebeneinander auf ein mit Backpapier ausgelegtes Blech legen. Im Backofen ca. 20 Min. rösten, dabei ein- bis zweimal wenden. Auf dem Blech auskühlen lassen, dann in einer verschließbaren Dose aufbewahren. **Tipp:** Die Nüsse sind ca. 1 Monat haltbar.

VEG

AUSTRALISCHE ANZAC-KEKSE

Den Backofen auf 160 °C vorheizen. **120 g Mehl** mit **120 g kernigen Haferflocken, 60 g Kokosraspeln** und **150 g Rohrzucker** in einer Schüssel mischen. **120 g Butter oder Margarine** mit **50 g Zuckerrübensirup** in einem Topf bei niedriger Temperatur zerlassen. **1 TL Natron** mit **2 EL heißem Wasser** verrühren. Die Butter-Sirup-Mischung vom Herd nehmen, das Natron in die heiße Mischung rühren. Dann alles unter die Haferflockenmischung mengen. Mit einem Esslöffel kleine Teighäufchen im Abstand von ca. 5 cm auf ein mit Backpapier ausgelegtes Blech setzen. Im Backofen ca. 12 Min. goldgelb backen. Auf einem Kuchengitter abkühlen lassen.

AUSTRALISCHE ANZAC-
KEKSE, S. 168

VEG

PFLAUMEN-CRUMBLE

Den Backofen auf 200 °C vorheizen. **200 g Mehl, 100 g Zucker, 1 Pck. Vanillezucker, 2 TL Zimt** mischen. **100 g kalte Butter** würfeln, zugeben und mit den Knethaken des Handrührgeräts zu Streuseln verarbeiten. **3 EL kernige Haferflocken** unterheben und den Teig in Frischhaltefolie gewickelt kalt stellen. **600 g entsteinte Pflaumen** in eine gefettete Auflaufform geben. Mit **3 EL Zucker** bestreuen und die Teigstreusel darauf verteilen. Im Backofen ca. 40 Min. backen. Warm servieren. **Tipps:** Das Rezept kann vielfältig variiert werden, indem für die Streusel z. B. 1/3 des Mehls durch gemahlene Nüsse oder Mandeln ersetzt wird. Anstelle der Pflaumen können andere frische Früchte, Tiefkühlware oder auch Kompott verwendet werden. Tiefgefrorenes Obst können Sie unaufgetaut in die Form geben.

VEG

APFEL-BLÄTTERTEIG-IGEL

Den Backofen auf 200 °C vorheizen. 4 quadratische Platten TK-Blätterteig (à 45 g) nebeneinander auf ein mit Backpapier belegtes Blech legen und auftauen lassen. Mit 1 EL zerlassener Butter bepinseln. 3 EL gemahlene Mandeln und 1 EL zarte Haferflocken mit 1 EL Rohrohrzucker und dem Saft von 1 Zitrone verrühren. Falls dic Masse nicht formbar ist, noch etwas Haferflocken zufügen. 2 Äpfel halbieren und das Kerngehäuse entfernen. Die Mandelmasse einfüllen und in die Apfelhälften drücken. Die Apfelhälften mit der Schnittfläche nach oben auf den Blätterteig setzen, 50 g Mandelsplitter als Stacheln und 8 Rosinen als Augen in die Hälften drücken. Im Ofen ca. 25 Min. backen. Evtl. 10 Min. vor Ende der Backzeit den Blätterteig nochmals mit etwas zerlassener Butter bepinseln.

VEG

SCHOKOLIERTE FRÜCHTE

200 g Zartbitterschokolade oder weiße Schokolade im Wasserbad schmelzen lassen. 400 g gemischte Früchte (geeignet sind z. B. Äpfel, Birnen, Erdbeeren, Weintrauben, Ananas, Aprikosen) in mundgerechte Stücke schneiden. Apfel- und Birnenstücke mit etwas Zitronensaft beträufeln, damit sie nicht braun werden. Die Fruchtstücke auf Holzzahnstocher spießen. Die Schokolade gut durchrühren. Die Früchte in die Schokolade tauchen, überschüssige Schokolade gut abtropfen lassen oder am Topfrand abstreifen. Nach Wunsch noch zusätzlich in 50 g Mandelstiften oder Kokosraspeln wenden. Die schokolierten Früchte auf Backpapier legen und trocknen lassen. **Tipp:** Spießen Sie die Zahnstocher in ein Stück Styropor, um die Schokoladenglasur fest werden zu lassen.

VEG

ROTE GRÜTZE

Von 400 ml Johannisbeernektar 6 EL abnehmen und mit 3 EL Zucker, 1 Pck. Vanillezucker und 30 g Speisestärke glatt rühren. Den übrigen Nektar in einem Topf aufkochen, dann vom Herd nehmen. Angerührte Stärke untermischen, nochmals aufkochen und unter Rühren ca. 1 Min. köcheln lassen, bis die Flüssigkeit leicht eindickt. 250 g entsteinte Sauerkirschen und 250 g Johannisbeeren untermengen, aufkochen und nochmals ca. 1 Min. köcheln lassen, dabei mehrmals umrühren. Die Grütze vom Herd nehmen. Je 250 g Himbeeren und Erdbeeren unterheben. Rote Grütze abkühlen lassen. **Tipp:** Noch schneller geht das Dessert mit einer TK-Beerenmischung. Dazu passt Vanillesauce.

VEG

SCHNELLER APFELKUCHEN

Den Backofen auf 180 °C vorheizen. **250 g zimmerwarme Butter oder Margarine** mit **250 g Rohrzucker, 1 Prise Salz, etwas Bio-Zitronenabrieb** und **4 Eiern** schaumig rühren. **250 g Vollkornmehl, 1/2 Pck. Backpulver** und **ca. 200 ml lauwarme Milch** unterrühren. Den Teig in eine gefettete Springform (ø 28 cm) geben und glatt streichen. **3 große Äpfel** schälen, halbieren, entkernen und an der Außenseite längs mehrmals einschneiden. Auf den Teig setzen und ein wenig hineindrücken. Im Backofen ca. 30 Min. backen. Auf einem Kuchengitter abkühlen lassen und mit **etwas Puderzucker** bestreut servieren. **Tipp:** Der Teig soll schwer reißend vom Löffel fallen. Ist er zu fest, noch mehr Milch zugeben.

SCHNELLER
APFELKUCHEN, S. 174

VEG

ARME RITTER

3 Eier mit 375 ml Milch und 1 Pck. Vanillezucker verquirlen. In eine flache Schüssel oder Auflaufform geben und 8 Scheiben Vollkorntoast mehrmals darin wenden, sie sollen möglichst viel von der Eiermilch aufsaugen. 3 EL Rohrzucker mit 1 TL Zimt verrühren. In einer beschichteten Pfanne 2 EL Butterschmalz oder Kokosöl erhitzen. Die Toastscheiben hineingeben und darin bei mittlerer Hitze auf jeder Seite ca. 2 Min. braten. Auf Küchenpapier geben und abtropfen lassen. Mit dem Zimtzucker bestreut servieren. **Tipp:** Dazu schmeckt Pflaumenkompott.

VEG

ZWETSCHGENDATSCHI

Den Backofen auf 200 °C vorheizen. 400 g Mehl, 1 Pck. Trockenhefe, 50 g Zucker, 125 ml Milch, Sojamilch oder Milch nach Wahl und 50 g zimmerwarme Butter oder Margarine zu einem geschmeidigen Teig verkneten und zugedeckt 30 Min. gehen lassen. In der Zwischenzeit 2 kg Zwetschgen entsteinen. Ein Backblech mit Backpapier auslegen. Den Teig auf einer bemehlten Arbeitsfläche auf Backblechgröße ausrollen und auf das Blech legen. Mit 2 EL Semmelbröseln bestreuen und die Zwetschgen mit den Innenseiten nach oben darauflegen. Im Backofen auf der mittleren Schiene ca. 30 Min. backen, anschließend mit 100 g Hagelzucker bestreuen.

VEG

SCHOKO-MANDEL-COOKIES

Den Backofen auf 200 °C vorheizen. 200 g Mandelsplitter in einer Pfanne ohne Fett hellbraun rösten. 400 g Mehl Type 1050, 1 TL Backpulver, 1 Prise Salz, 2 TL Kakaopulver, 250 g Zucker, 1 Pck. Vanillezucker, 2 Eier und 250 g zimmerwarme Butter mit den Quirlen des Handrührgeräts zu einem cremigen Teig rühren. 300 g Zartbitterschokolade grob hacken und zusammen mit den Mandeln unterheben. Mit einem Teelöffel kleine Teighäufchen auf zwei mit Backpapier ausgelegte Backbleche setzen und leicht flach drücken, sodass Kreise (ø 2 cm) entstehen. Im Backofen ca. 10 Min. backen. Die Kekse halten sich in einer Dose ca. 2 Wochen.

VEG

PIKANTE FRISCHKÄSESCHNECKEN

Den Backofen auf 220 °C vorheizen. **250 g Mehl, 1 Pck. Backpulver** und **etwas Salz** in einer großen Schüssel mischen. **30 g kalte Butter** würfeln und einarbeiten, bis ein krümeliger Teig entsteht. **150–175 ml Wasser oder Milch** nach und nach zufügen und alles zu einem geschmeidigen Teig kneten. Den Teig auf einer bemehlten Arbeitsfläche zu einem großen Rechteck (ca. 30 x 20 cm) ausrollen. Mit **100 g Doppelrahm-Frischkäse** bestreichen, **50 g Gouda** reiben und darauf verteilen. Mit **etwas Paprikapulver (edelsüß)** bestreuen. Den Teig von der Längsseite her zusammenrollen und die Rolle in ca. 12 Scheiben schneiden. Die Schnecken auf ein mit Backpapier ausgelegtes Backblech legen und im Backofen ca. 12 Min. backen. Warm servieren.

VEG

HIMBEER-PISTAZIEN-EIS AM STIEL

250 g Himbeeren zusammen mit 2 reifen Bananen pürieren. Mit ca. 300 ml Mandelmilch verrühren. 20 g Pistazien fein hacken und ebenfalls unterheben. Die Masse in 6 Eisförmchen für Eis am Stiel füllen und für mindestens 4 Std. ins Gefrierfach stellen.

HIMBEER-PISTAZIEN-EIS
AM STIEL, S. 180

VEG

GEBRANNTE MANDELN

200 g Zucker, 1 Pck. Vanillezucker und **125 ml Wasser** in einer beschichteten Pfanne verrühren und aufkochen. **200 g ganze, ungeschälte Mandeln** zufügen und alles ca. 10 Min. kochen lassen, bis das Wasser verdunstet ist und die Mandeln von einer Zuckerschicht umhüllt sind. Dabei immer wieder mit einem Kochlöffel umrühren. Sobald der Zucker karamellisiert, die Mandeln sofort aus der Pfanne nehmen und auf Backpapier abkühlen lassen. Mit einem Messer oder zwei Gabeln voneinander trennen.

VEG

APRIKOSEN-MÜSLI-RIEGEL

Den Backofen auf 160 °C vorheizen. 100 g getrocknete Aprikosen klein würfeln. 30 g Butter oder neutrales Pflanzenöl in einen kleinen Topf geben, 50 g flüssigen Honig und 80 g Rohrzucker zufügen und aufkochen. Saft von 1/2 Orange, 1 TL Bio-Orangenabrieb, 100 g Haferflocken, 50 g Kokosraspeln, 50 g Mandelsplitter und die Aprikosen unterrühren. Die Masse ca. 1,5 cm dick auf ein mit Backpapier ausgelegtes Backblech streichen. Im Ofen ca. 30 Min. backen. Die Platte ganz auskühlen lassen, dann in Riegel schneiden.

VEG

KÄSESTANGEN

Den Backofen auf 180 °C vorheizen. Aus 200 g Dinkelmehl, 200 g kalter Butter, 2 Eigelb, 100 g geriebenem jungen Gouda und 2 EL Milch rasch einen Mürbeteig kneten. In Frischhaltefolie gewickelt 30 Min. im Kühlschrank ruhen lassen. Den Teig auf einer bemehlten Arbeitsfläche ca. 5 mm dick ausrollen. Mit dem Teigrädchen in Streifen von ca. 1,5 cm Dicke und 15 cm Länge schneiden. Die Streifen zu Strängen verdrehen und auf ein mit Backpapier ausgelegtes Backblech legen. Mit 2 EL Milch bepinseln und nach Geschmack mit insgesamt 4 EL Sesamsaat oder Sonnenblumenkernen bestreuen. Im Backofen ca. 10 Min. backen.

VEG

SCHOKO-KNUSPERHÄUFCHEN

200 g Vollmilchschokolade und 200 g Zartbitterschokolade grob hacken und über dem Wasserbad schmelzen lassen. 150 g Cornflakes vorsichtig unter die geschmolzene Schokolade heben. Gegebenenfalls noch mehr Cornflakes unterrühren – alle sollten mit einer dünnen Schokoladenschicht bedeckt sein. Mit einem Teelöffel kleine Häufchen auf Backpapier setzen und bei Zimmertemperatur fest werden lassen. Ergibt ca. 75 Stück. **Tipps:** Wenn Sie die Schokolade nicht korrekt temperieren, werden die Schoko-Knusperhäufchen nicht so schön glänzen. Sie schmecken aber trotzdem sehr gut! In verschließbaren Dosen, getrennt durch Backpapier, aufbewahrt, sind die Knusperhäufchen ca. 2 Monate haltbar.

VEG

ORANGEN-MOHN-MUFFINS

Ein Muffinblech mit Papierbackförmchen auslegen. Den Backofen auf 180 °C vorheizen. In einer großen Schüssel **150 g zimmerwarme Butter** mit **110 g Zucker** und **2 Eiern** schaumig schlagen. **250 g Mehl Type 1050, 1/2 Pck. Backpulver, Abrieb von 1/2 Bio-Orange, 75 ml Orangensaft** und **60 g gemahlenen Mohn** kurz unterrühren, dann den Teig in die Förmchen füllen. Im Backofen ca. 30 Min. backen. Auf einem Kuchengitter abkühlen lassen.

ORANGEN-MOHN-MUFFINS, S. 186

VEG

SCHNELLES VANILLEEIS

200 g Sahne steif schlagen, dabei **2 Pck. Vanillezucker** und **2 TL Puderzucker** einrieseln lassen. Die Mischung in 6 Förmchen für Eis am Stiel (à 75 ml) geben und mindestens 4–5 Std. im Tiefkühlgerät gefrieren lassen. **Tipp:** Für Stracciatella-Eis 2 EL Schokospäne unter die Sahne heben und nur 1 Pck. Vanillezucker verwenden.

SANDWICHES, BRÖTCHEN & BROTE

Bananenbrötchen 16
Bauernbrot mit Avocado und Mango 130
Blitzbrötchen ohne Hefe 18
Brötchen mit Eiersalat 128
Ei-Gemüse-Brote 13
Forellen-Baguettebrötchen 42
Fruchtige Quarkbrote 23
Frühlingsquark-Brotecken 40
Gefüllte Mini-Brötchen 164
Gemüse-Sandwich 38
Hähnchen-Sandwich 57
Käse-Sesam-Brötchen 29
Kresse-Käse-Sandwich mit Möhre 36
Lachs-Frischkäse-Bagels 53
Salat-Sandwich mit Rohkost 44
Sandwiches mit Sardellenpaste 60
Schinkenbrötchen mit Paprika 54
Zopfbrote mit Knoblauch und Rosmarin 156

MÜSLIS & PORRIDGES

Beeren-Porridge 12
Exotisches Knuspermüsli 24
Frischkornmüsli 25
Herbstmüsli 31
Hirsebrei 22
Klassisches Birchermüsli 17
Porridge mit Feigen 20
Schokoinsel-Müsli 19
Selbst gemachtes Knuspermüsli 14

SALATE

Garnelensalat im Pitabrot 48
Glasnudel-Gemüse-Salat 140
Griechischer Bauernsalat 107
Italienischer Brotsalat 120
Kartoffelsalat mit Gorgonzolasauce 122
Lauwarmer Forellen-Reis-Salat 118
Nudelsalat mit Champignons 123
Rot-weißer Bohnensalat 145
Scampisalat in Acovadohälften 159
Sommerlicher Bohnensalat 65
Sommerlicher Garnelen-Frucht-Salat 127
Spaghettisalat mit Rucola 151
Spinat-Apfel-Salat 113
Taboulé 135

SUPPEN & EINTÖPFE

Basilikum-Schaumsuppe 136
Blitz-Minestrone 134
Cremige Kartoffel-Lauch-Suppe 142
Deftige Sauerkrautsuppe 158
Erbsensuppe mit Garnelen 121
Gemüse-Curry-Eintopf 66
Hähnchen-Nudel-Suppe 93
Italienische Brot-Tomaten-Suppe 153
Linsen-Geflügel-Suppe 109
Möhrencremesuppe mit Sesam 117
Möhren-Käse-Suppe 149
Peruanische Maissuppe 132
Scharfer Linseneintopf 74
Weißkohl-Cabanossi-Eintopf 71

HAUPTGERICHTE

Birnen mit Ziegenkäsefüllung 150
Brathähnchen mit Sommergemüse 68
Bratkartoffel-Gemüse-Pfanne 72
Bunte Pizzakartoffeln 108
Bunter Gemüsecouscous 103
Buntes Nudelgratin 92
Cevapcici mit scharfen Spätzle 82
Champignon-Hähnchen-Pfanne mit Spätzle 88
Erbsen-Zitronen-Risotto mit Prosciutto 78
Filetpfanne mit Mangold und Erdnüssen 64
Flammkuchen 133
Frittata mit grünem Spargel 124
Fusilli mit Erbsen und Schinken 85
Garnelen-Nudel-Pfanne 80
Gefüllte Gurken 87
Gemüseburger 112
Gemüse-Reis-Pfanne mit Gyros 90
Gemüsetortilla 119
Geschnetzeltes mit Champignons 161
Gratinierte Auberginenröllchen 110
Grieß-Birnen-Auflauf 70
Grüner Spargel mit Eiern und Vinaigrette 116
Gurken-Fisch-Ragout 69
Hamburger homemade 73
Hirse mit Sommergemüse und Schafskäse 91
Hummus 162
Kartoffel-Gemüse-Puffer 84
Kartoffelgulasch 95

Kartoffel-Hack-Auflauf mit Apfelhaube 81
Kartoffelpizza mit roten Zwiebeln 114
Käsequiche mit Walnüssen 146
Knusprige Schweineschnitzel mit Tomaten-Basilikum-Salsa 98
Kürbis-Zucchini-Gratin 75
Lachscurry 83
Milchreisauflauf mit Aprikosen 86
Ofenpommes mit Dip 106
Pfannkuchen mit schnellem Kirschkompott 96
Puten-Gemüse-Wok mit gebratenen Nudeln 63
Putenragout mit Spätzle 104
Rindercurry mit Aprikosen 76
Tortellinigratin 62
Saltimbocca alla Romana 141
Schmortomaten mit Ricotta-Lachs-Füllung 97
Schnelle Pizza Caprese 100
Vegane Möhrenquiche 101
Vegetarisches Chili 94
Winterliches Ofengemüse 126
Wirsingtopf 77
Zucchinitarte 138

SNACKS

Aprikosen-Müsli-Riegel 183
Datteln im Speckmantel 152
Dinkel-Erdnuss-Aufstrich 137
Englisches Frühstück mit Bratkartoffeln 28
Käsestangen 184
Kerniger Kräuterschmand 30
Möhren-Tofu-Aufstrich 129
Obatzda 155
Pikante Frischkäseschnecken 179
Pikante Knabbernüsse 167
Pilz-Crostini 148
Pizzatoasts 160
Schinken-Möhren-Wraps 58
Schinken-Rührei 26
Spinat-Schafskäse-Päckchen 144
Tex-Mex-Wraps 154
Zucchinimuffins 47

SÜSSES & DESSERTS

Apfel-Blätterteig-Igel 171
Arme Ritter 176
Buttermilch-Pancakes 32
Erdbeer-Mandel-Quark 56
Gebrannte Mandeln 182
Himbeer-Pistazien-Eis am Stiel 180
Kalt gerührte Beerenkonfitüre 11
Kirsch-Schoko-Quarkspeise 46
Klassischer Kaiserschmarrn 102
Pflaumen-Crumble 170
Rote Grütze 173
Roter Früchtetraum 37
Schichtspeise mit Hüttenkäse 49
Schneller Früchtequark 52
Schnelles Vanilleeis 188
Schoko-Knusperhäufchen 185
Schokolierte Früchte 172
Soja-Vanille-Joghurt mit Früchten 34

GEBÄCK & KUCHEN

Australische Anzac-Kekse 168
Frühstückshörnchen 10
Johannisbeer-Muffins 166
Orangen-Mohn-Muffins 186
Schneller Apfelkuchen 174
Schoko-Mandel-Cookies 178
Zwetschgendatschi 177

GETRÄNKE

Bananen-Energy-Drink 55
Gemüseshake 43
Melonen-Ingwer-Smoothie 50
Orangen-Avocado-Shake 41